図書館はラビリンス

だから図書館めぐりはやめられない…Part 2

内野安彦

樹村房

はじめに―図書館はやはり「人」で決まる

私は茨城県と長野県の二つのまちの図書館員として、14年間働いてきた。地方自治体に総合職として採用された者としては、イレギュラーな相当長い期間と言えるが、司書として採用された専門職であれば、たかが14年でしかない。この14年間の図書館勤務を通じて感じたことを綴ったものが、2012年6月に上梓《じょうし》した『だから図書館めぐりはやめられない』（ほおずき書籍）であった。

本著は、タイトルも出版社も違うが、両方を読まれた読者であれば直ぐに気づかれると思うが、明らかに兄弟本である。先にそのことについてことわっておきたい。勿論、これは最初から意図したものではない。

私が前著を上梓するにあたり考えたことは、どうすれば、一般の読者に図書館のことを、さらには図書館員のことを伝えられるか、ということだった。日々の図書館の仕事を通じ、何とか図書館サービスを市民に周知したい、と図書館員ならだれもが願っていることである。しかし、なかなか伝わらないもどかしさ、役所の職員ですら図書館を利用しない（理解していない）、という声を今まで何回聞いたことだろう。

図書館の書架に並ぶたくさんの図書館関連の本を見て、どうすれば、この棚に「図書館のことを知らない市民」をナビゲートできるかが、私の最大の課題であった。

図書館は地方自治体の様々な生涯学習施設の中で最も利用される施設であることは、これまでの諸調査が証明しているが、それは生涯学習施設の中ではということで、大半の市民が図書館を利用しているということではない。月に1回以上図書館を利用している市民は、平均すれば1～2割程度という地方自治体が大半であろう。登録率が5割だ6割だと言っても、それは、日常的に図書館を使っている利用率ではないのである。

ＣＤの貸出を終え、ありがとうございました、と伝えた後、おもむろに「いくら払えばいいんですか」と高齢の利用者に聞かれたことが何度かあった。利用者に呼び止められて、「隣の町に住む者だけれど、本を貸してもらうわけにはいきませんか」と何度聞かれたことだろう。14年間の図書館勤務とはいえ、カウンターに積極的に出たつもりではあるが、係長として図書館に異動になったので、決して一日の多くの時間をカウンターやフロアで、利用者と接したわけではない。それでも、こういうエピソードは枚挙に遑《いとま》がない。

「なかなか図書館に来ていただけなくて」と日常の悩みを口にする図書館員は多い。これでもか、というくらいイベントや広報活動をしても、新たな登録者を獲得することは難しい。それが全国の図書館の現実である。

このような日常を積み重ねた結果、思い立って著したのが兄弟本である。それは、図書館員がひたすら図書館でお客様を待っていても新たな登録者を得られないのと同じで、どんなに図書館サービスのことを本に編んでも、それが図書館関係者以外の人の手に渡らなければ、身内だけの世界で終わってしまう、という私のジレンマが源泉であった。

そのために、自分が裸になろうと決めて書いたのが兄弟本である。読んだことのある作家や作品、あるいは読者の趣味に通じるアイテムを、図書館得意の「サイン」として使い、一見、読書論的ともとれる「書名」を目次に仕立て、読者の興味を引くこと。難しい話は避けて、私の些末《さまつ》なエピソードを「バカな奴だ」と笑っているうちに、知らず知らずのうちに「図書館の世界」に読者を案内すること。そして、たくさんの釣り糸を垂れることで、どこからでもつまみ食いできるようにしたこと。この三点を編集のコンセプトにして、図書館へのレッドカーペットを敷いた。入り口は映画、クルマ、ロック、ジャズ、プロレスなど、たくさん用意し、出口は「図書館」一つとした。気が付けば、「図書館ってこういう世界だったのだ」と、図書館を知らない読者には知ってもらい、辛口の図書館員には、行間から、私の叱咤激励《しったげきれい》を読み取ってもらいたかった。

この編集が奏功して、前著は一般の読者にもたくさん読んでもらえたようである。卑近な話で恐縮であるが、従来の図書館本であったら、難しくって親戚や友人が読むことはない。しかし、前著は親戚や近所の人まで読んでくれたようで、表紙のイラストのシトロエン2CVを見ただけで買ってくれた読者もいた。

一方、図書館員からは「司書として襟を正しました」「元気が出ました」「これはエッセイなんかではありません。れっきとした図書館情報学のテキスト本です」などの声をいただいた。

出版関係者の中には、立ち位置がはっきりせず「売りにくい本」という声もあったと仄聞《そくぶん》しているが、固定の市場向けに放った本ではなく、未開拓の市場向けに放った本であり、立ち位置は言われるまでもなくわかっていたことである。狙いは、一人でも多くの人に図書館に足を運んでもらうことにある。そして、図書館員に元気と勇気を与えることである。拙著を上梓したことで、長野県や茨城県の新聞、ラジオで度々取材を受けた。記者やパーソナリティーは、異口同音に「図書館って人で決まるのですね」と、拙著の感想を口にした。図書館が、そこで働く職員の熱意や学習が端的に表れるサービスであることに気づいてくれたようである。

出版不況と言われて久しい。近年は雑誌の売り上げの落ち込みがその原因であるらしい。出版界が言う「読者」とは、出版界が生み出した成果物（本や雑誌）を「購入」する人を指す。だから「借りて読む読者」は「読者」ではない。よって、図書館を「無料貸本屋」と批判する人が斯界《しかい》にはいる。しかし、「借りて読む読者」が「読者」になることも少なくない。要は一度味見をしてから買う読者である。筆者もその一人である。速攻のタイトル買いも多いが、タイトル倒れも少なくないので、高価な本は一度図書館で借りて、試食してから、書店で買うのである。3000円、4000円の本を味見もせず買うなんて、そんな余裕のある読者はそう多くはいない。

ここで、図書館はショールームの役割を果たしているのである。特に大きな書店のない地方においては、これは図書館の重要な使命である。大小あるが、日本の公共図書館は3200館。あまりに国内の出版点数が多すぎて、図書館が市場として買い支えることは困難であるが、広域でコレクションを棲み分けすれば、ある程度の市場とはなりえると思う。もっとも、近年は雨後の竹の子のように、一つの話題が当たると、呆れるほどの安易な企画の類書が出回る。活字離れと嘆息する元凶は、実は出版界にあるのではないかと苦言を呈したくなる現状である。

私が5年間勤務した塩尻市の図書館職員には、不断に「図書館はショールーム」であることを説いた。ショールーム化することは、書店と違う品揃え（借りられない本）を意味し、多くの図書館員が気にする「貸出冊数」が減ることを危惧するところとなる。しかし、著者が着任以降の平成19年度から23年度までの、市民一人当たりの貸出冊数を追うと、5.7冊、6.6冊、6.5冊、8.3冊、9.8冊と、急伸している。3年目に前年度を下回っているが、これは新館開館準備で、休館期間があるからで、開館日数で見れば、実質的には前年より伸びている。

平成22年度の実績で、長野県内19市で、20年ぶりに第1位に返り咲き、23年度も引き続き首位にある。しかし、首位にあることが目標ではない。こんなことを目標にするなら、いくらでも方法はある。そもそも貸出冊数を伸ばそうなどというのが愚の骨頂である。実際、市の監査委員に「館長は貸出を伸ばそうなんて考えていないと言いながら、実際は着実に伸びているじゃない。話が違っていますね」と、半分冗談で言われたことがあった。

また、「貸出冊数を伸ばそうなんて考えず、新規利用者の開拓に努めてほしい」というのも図書館経営のテーゼであった。これは、選書面で見れば、これまであまり買っていなかったジャンルの本を充実させるということで、安定している「貸出優等生」のジャンルの購入を抑える、ベストセラーの大量複本を抑制するということである。新館開館と言う通常年に比べ図書購入費が多かったということもあるが、図書館員は、ショールーム化同様に不安を覚えたことだろう。しかし、結果は杞憂に終わった。勿論、私は確たる勝算はあった。なぜなら、図書館に日ごろ来ている市民より、来ていない市民の方が多いのであるから、市場はこちらの方が大きく、また、公共サービスという面から見れば、当然の方向転換である。

この方向転換が生んだ顕著な結果は相互貸借である。相互貸借とは、あるまちの市民が、自分の住んでいるまちの図書館に探している本がないので、求めに応じ、他の市町村の図書館から借りて、その市民に提供するというサービスである。地方自治体の境界を越えた

	貸出（点）	借受（点）
19年度	196	449
20年度	207	665
21年度	310	663
22年度	313	230
23年度	571	199

図書館の図書館たるボーダレスサービスの一つである。図書館に頼られる図書館サービスである。

　上の表のように、たった5年で、こうように変わったのである。「貸出」とは、塩尻市から他市町村に本を貸し出すこと。「借受」とは、逆に他市町村から本を借りることである。貸出が借受を上回っているということは、市民にとって現状のコレクションの市民満足度が高いことを意味し、貸出が増えるということは、それだけ他市町村から頼られる多様なコレクションとなっていることを意味する。こうして、多種多様なコレクションにすることで、劇的に変わった証左である。もちろん、この統計は、他にもいろいろな分析が可能であるが、一つの客観的な変化であることは間違いない。

　私は、この二つの統計を読者に示すことで、全国の図書館員には「もう貸出冊数に拘泥《こうでい》する選書は止めませんか」ということ、一般の読者には「図書館はベストセラー本を大量に置くところではない」ということをわかってほしいのである。

　そして、特に地方においては、図書館と書店がもっと良好な関係で、出版文化を共に築いくための処方箋を考える契機とすることを提案したい。

図書館関係者に知らない人はいないことを信じたいが、ランガナタン（1892〜1972年、インドの数学者・図書館学者）は、図書館の三要素を「読者・図書館員・本」とした。現在、よく言われる三要素とは「資料・職員・施設」である。これは、時代背景の違いによるものであるが、私は、現在でも、施設よりも読者を大事にした図書館であってほしいと願っている。

読者を大事にするということは、読者に迎合することではない。多くの出版物から、適切な資料を収集し、読者と資料の邂逅《かいこう》を演出することである。「本がタダで借りられるところ」と言われるだけでなく「役に立つところ」にならなければならない。施設がいくら立派になっても、その施設を生かすも殺すも、読者と図書館員、共に「人」である。

図書館職員がいくら頑張っても、老朽化した図書館は簡単には新しくはならない。資料費をいくら要求しても財政事業が厳しければ容易に増えたりはしない。しかし、図書館員が学べば学ぶほど、いろいろなアイデアが生まれ、読者サービスは必ず向上する。しかも、一人から始めることができる。

私が実践の場として図書館に14年間関わってきたのも、学習という好奇心の発露であった。係長として図書館に異動し、館長補佐、そして館長となり、さらに、招聘《しょうへい》され鹿嶋から塩尻の館長となり、新しい図書館をオープンさせるという仕事も、全て学習が支えたものである。

現在は、図書館現場を離れ、大学という教育の場で、学生に「図書館の世界」を教え、図書館は働く場から、利用する場へと変わった。利用する場とは、図書館を創り、支える側に変わったということである。しかも、立場上、私がサポートする図書館は、全国全ての図書館であり、全ての図書館員であると、大言壮語するしかない。

本著は『だから図書館めぐりはやめられない』も含め、そういう矜持《きょうじ》から生まれたものであり、テキスト本として読まれることは至上の喜びである。もちろん、堅苦しくなく、エッセイとして軽い気持ちで読まれ、「面白かった」で終わられても構わない。重くも軽くも、「図書館」が読者のどこかに残れば本望である。

本著が『だから図書館めぐりはやめられない』の兄弟本として、5カ月後に、長野ではなく、東京の、しかも図書館情報学テキストの老舗出版社から生まれたのは、多くの図書館員からの声が背景にあることも否定できない。

『だから図書館めぐりはやめられない』は、図書館員を迷わせようとした私の狙いが当たったのか、図書館学の書棚に並べるところと、エッセイの棚に並べるところとの二つに分かれた。民間MARCがエッセイ（914・6）としたので、その通りにしたということであろうが、なかには書誌上は914・6でも、請求番号は015という図書館も散見される。もちろん、コンセプトがどっちつかずで、所蔵するに値しないと却下された図書館が多いことも確かである。しかし、図書館のことを書いたにも関わらず、図書館関係者以外の人が読者になってくれた。これが本著も含め、読者として開拓したかった市場である。

最後に、私は10月から地元のコミュニティFM「FMかしま」で、毎週月曜日の午後7時30分から30分間（再放送は土曜日の同じ時間帯）、「Dr.ルイスの〝本〟のひととき」という番組のパーソナリティーを務めている。多分、日本で唯一の本と図書館を語るラジオ番組ではないだろうか。

コミュニティFMを身近に聴けない人には馴染みはないかもしれないが、インターネットを経由してライブで聴ける優れたメディアなのである。きっかけは、2012年5月、

1時間のトーク番組に2週続けてゲストとして招かれ、図書館の話をしたことによる。再放送もあったので、4時間もラジオで図書館の話が公共放送で流れたのである。これだけでも画期的なことだった。

このことがあり、秋の番組編成会議で、私をパーソナリティーにした企画が浮上したらしい。当然、オファーには二つ返事で答えた。こうして、日本初の番組が誕生したのである。

リスナーが直接ラジオから聴いているエリアは限定されているが、インターネットでは全国どこでも聴けるので、ときおり、鹿嶋以外の旧知の遠方の知人からラジオ局に葉書が舞い込むこともある。

こうして、図書館界の営業マンとして、大学、著書、ラジオ等で「図書館の世界」をPRしているのである。営業の基本は、自社製品を相手にわかりやすく説明し、理解してもらい、購入してもらうことである。これを図書館に置き換えれば、図書館に一人でも多くの方に来ていただき、図書館サービスを享受してもらえるよう、いろいろな場所、メディアを通じて営業することである。

本著は、勤務年数の短い図書館員や、図書館の好きな読者に向けて書いたものである。

営業マンは、相手の関心事を見分けて話のきっかけをつくらなければならない。いきなり図書館という「商品」を見せられても、引いてしまうお客様もいるだろう。だから、様々な図書館以外の話題も取り入れて書いた販促ツールがこの本である。実は、こういう営業を図書館員は今まであまりしてこなかったし、得意とする図書館員は少なかったと思う。

図書館界初の営業マン（あくまで自称）が本を書いたらこうなった。前著『だから図書館めぐりはやめられない』と合わせて読んでいただけたら幸いである。

本著の構成

本著は、読書論ではなく、本を紹介するものでもない。エッセイの中に本がでてくるものもあれば、一切、本を紹介していないものもある。その違いに何ら意図はない。「図書館」や「本」をコンセプトにした些末《さまつ》なエッセイであり、図書館関係者にはメッセージを、一般の読者には「図書館の世界」を知っていただけたらと、編んだものである。

元図書館員としてこだわったことは、日本十進分類法（下表参照）による分類番号を付したことである。なぜなら、本を詳解するものではないので、分類番号を付すことで、書名だけでは伝わりにくい本の内容を知っていただこうと考えたものである。もちろん、日本十進分類法と言われても、図書館関係者以外には全く訳のわからないものであることも承知しているが、図書館員のこだわりとして許していただきたい。

NDC

本の内容を３ケタの数字で表したもの。国内の大半の公共図書館で採用している分類法。

〈日本十進分類法２次区分〉　※３ケタの数字の最初の数字の区分

0　総記（図書館・図書・新聞など）
1　哲学（心理学・倫理学・宗教など）
2　歴史（伝記・地理・紀行など）
3　社会科学（政治・経済・教育・民俗学・軍事など）
4　自然科学（数学・化学・天文学・植物学・医学など）
5　技術・工業（建築学・機械工学・家政学など）
6　産業（農業・林業・商業・運輸・通信事業など）
7　芸術・美術（絵画・写真・音楽・スポーツなど）
8　言語（日本語・外国語）
9　文学（日本文学・外国文学）

図書館はラビリンス ―― 目次

装丁——菊地博徳（BERTH Office）

ジュール・ヴェルヌ『地底旅行』

（角川書店　１９６６年）

933

今から40年程前、当時は、中学に進学すると、男子の大半は運動部に入った。よほどの運動嫌いか、マニアックな趣味を持っている者以外、写真部、天文部、吹奏楽部などの文化系の部に入るのは稀だった。

私が入部したのは出来立てのサッカー部。正確に言うと、まだ「部」の扱いになっていなかったと思う。入部当初のメニューといえば、もっぱらランニング。もとより人一倍運動音痴な私は、家に帰っても、疲れ果てて食欲はなく、勉強も集中できず、早々と眠ってしまう日々だった。とは言え、練習にも慣れ、やっと生活のリズムが戻りかけた頃、堪忍袋の緒が切れた親父がとった行動は、私に断りもなく顧問の先生に出した退部願いだった。生来、頑固一徹な親父は、一度決めたら聞く耳を持たず、私の長い惨めな中学時代が、入学早々に幕を切って落とされたのである。

基本的に部活は必修だったので、仕方なく入部したのは詩吟部だった。部員は数名の男子のみ。グラウンドを駆け回る運動部のような歓声はなく、放課後、湿った教室で「川中島」を吟じている男子が女子にもてるはずもなく、運動部のように毎日、「練習」もなく、俗にいう「帰宅部」に入部してしまったのである。大半の男子は運動部に所属しているので、運動部に入っていないと、遊べる友達は限られ、徐々にはまっていったのが小説の世界だった。

初めて買った本は、角川文庫の外国推理・SF名作選、ジュール・ヴェルヌの『地底旅行』だった。ヴェルヌならば、なぜ、『海底二万海里』ではなかったのか、と思われるかもしれないが、こちらは小学生の時に図書館で借りて既に読んでいたからである。小学生の頃は、図書室の本を相当読んだ方だと思うが、中学に入って、一旦、本とは無縁になった。しかし、中学2年生の終わり頃からだっただろうか、僅かな小遣いから、本を買って読むという楽しみを見つけ、活字との付き合いが始まったのである。

体育会系的な生き方を望んでいたものの、強制的に部活から遠ざけられたために、仕方なくたどり着いたのが文学。しかも、ヘミングウェイ、伊藤左千夫、芥川龍之介、太宰治と辿ってきたまではよかったが、高校生になって出会う『細雪』『春琴抄』よりも先に、谷崎潤一郎であれば、『蓼喰《たで》ふ虫』『卍』『刺青』『痴人の愛』『鍵』といった耽美な世界を知り、さらに、川端康成も『雪国』を読まずに、『眠れる美女』『片腕』などを読むに至り、中学生にしては、ちょっと危険な小説の楽しみに浸っていったのである。

たまに、読書に関して講演を頼まれることがある。そこで、必ず言わせていただくことは、読書は「促進」するものではない、ということ。微妙な意味の違いではあるが、「推進」ならわからなくもないが、「促進」となると、私は首をかしげてしまう。「促進」とは「物事が早く進むように力を加えること」であり、他人の読書をそこまですることはないと思うのである。

読書は密かな孤独な楽しみである。衆人監視のもとで楽しむものでもない。テニスであれば、審判が発する'Be Quiet'の環境で楽しむものである。そして、強制されるものでもない。「まぁ、一杯」と勧められて飲む酒ではない。私にとって、本も酒も同じ人生の至上の楽しみであるが、酒は「勧めてくれた人」との出会いをつくるが、本は「書いた人の人生」に出会うのである。急がされることなく、じっくりと出会えばいいのである。一冊の本で、時には人生が大転換することすら、あるのである。

でも、なかなか探し求めている本と出会えない人は図書館に行ってみてほしい。そこで、図書館が仕掛けた様々な「誘う工夫」を楽しんでほしい。図書館員の矜持《きょうじ》、それは'You've Got A Friend'である。「困ったことがあったら、私を呼んでほしい。いつでもすぐに飛んでくるから。だって、私は君の友だちだよ」という、キャロル・キングの名曲そのものだと私は信じている。

全国の図書館めぐりをしていて楽しいのは、この図書館員の仕掛けである。ブランディングと言われるもので、一般的には、ブランドの特徴や競合する企業・製品との違いを明確に提示することで、顧客や消費者の関心を高め、購買を促進することである。要は図書館から利用者へのメッセージである。

例えば、新書サイズの本をどう並べるか。単行本と一緒に並べている図書館もあれば、一般書と分けて並べているところもある。これも魅せ方の戦略のひとつ。例えば、塩尻市立図書館では、日本一のコレクションを誇る「ちくま新書」だけは、他の新書のように単行本とは並べたらスケールメリットが失われるので、単独で並べることで、そのスケールを誇示している。図書館の特徴を知ると、図書館利用はもっと楽しくなる。利用者はぜひ、その仕掛けを見つけ出してほしいものである。

ベルンハルト・M・シュミッド『世界の橋』

（ピエ・ブックス　2006年）

515

私が生まれ育ったのは、橋のたもとである。そこは日本第二の湖沼である霞ヶ浦（霞ヶ浦は西浦と北浦から成り、私は北浦を見て育った）湖畔で、対岸まで900mあり、そこには長い橋が架かっていた。

私が生まれ育った大船津は、かつて、江戸と鹿島を結ぶ水運交通の要衝であったことは175頁で紹介するが、ここに、1929年に初代の神宮橋（887m）が架かった。31年後の1960年には2代目の神宮橋がすぐわきに開通し、初代の橋もしばらく通行できていたので、この2本の橋が私の原風景となっている。

風景は、地球が創り出した自然美と、人間が建造物として創り出した人工風景とがある。自然美は息を飲むような大パノラマもあれば、人間では創りえない不可思議な小風景もある。一方、エジプトのピラミッド、中国の万里の長城、ニューヨークの摩天楼のように人間の果敢な英知の結晶が創った景色もある。それは、ときに幾多の血と汗を染み込ませた歴史が無言の風景として漂っているものもある。

橋の風景とは、地球が創り出した自然に対して、人間がその風景に手を入れることで成り立ったものである。穏やかな湖沼に、激流の川に、いずれも人間の往来を拒んだ自然に対して、人間の都合で、そのカンバスに絵筆を走らせた風景画である。

鹿嶋は水郷筑波国定公園に位置し、近隣は数多くの川、湖沼の風景が広がり、そこにはまた多くの橋が架かっている。幼少のころから橋に親しんできたせいか、私は橋のある風景が大好きである。東京の摩天楼を森に変えたレインボーブリッジ、梓川の清流と焼岳を望む景色に溶け込んだ河童橋など、橋と景色のコラボレーションはアートですらある。

一度は見てみたい橋がある。それは、サンフランシスコのゴールデンゲート海峡に架かる全長2737mのゴールデンゲートブリッジ（金門橋）である。堀江謙一が小型ヨットのマーメイド号で太平洋単独横断航海した時に、長い航海の果てに、彼を迎えたアメリカの象徴的景色だからである。堀江氏の『太平洋ひとりぼっち』を原作に、石原裕次郎が堀江氏を演じた同名の作品の終盤に、ゴールデンゲートブリッジの巨大な雄姿が映し出される。それは本当に美しい姿であった。

小学校の授業の水泳は、巨大なプールの北浦だった。要するに淡水浴である。誰が設置したのかはわからないが、飛び込み台もあった。夏の遊び場と言えば、もちろん北浦。何歳の時だったかは失念したが、泳ぎが上手くなるからと、先輩にオタマジャクシを飲まされたことは今でも忘れない。嫌々飲んだ記憶もないので、当時の男子の儀式の一つであったのかもしれない。

カエルと言えば、小学生の頃の小遣い稼ぎがカエル釣りだった。疑似餌として、赤い布の切れ端を釣り糸の先に付け、ガマガエルを釣り、近所の鮮魚店に持って行って買ってもらうのである。重量で換金されるので、時に石を口から押し込み重くするのだが、子どもの悪知恵など、大人には御見通しであったであろう。私はカエルが嫌いなこともあったので、あまり熱心に釣った記憶はないが、当時の小学生にしてみたら恰好の現金収入であった。

神宮橋は、当時の男子の小学生にとって、特別なファクトリーでもあった。それはベーゴマ再生工場である。ベーゴマは、メンコ（鹿島では「ケン」と言っていた）と並ぶ男子の遊びの王道。先輩後輩関係なく、強い者が勝つ世界だった。空き缶や布袋、ときにポケットにベーゴマを詰め込み、戦地に出陣するときの興奮は、いかにも単純な男の子の顔になっているのである。

いつの時代もそうであるが、ミニ四駆ならばオプションパーツを装填するなど、男はカスタマイズが好きである。市販されているベーゴマでは飽き足らず、神宮橋のコンクリートの欄干にベーゴマを擦りつけながら往復2㎞歩くと、鋭角なオリジナルのベーゴマが誕生したのである。電動のグラインダーでもあれば数分で済むのだろうが、そんな道具など持っている家はなく、ひたすら、歩道のない橋を小学生が欄干沿いに歩くのであるから、運転手にはさぞかし迷惑であっただろうし、連なって歩く様は、ここをファクトリーとは知らない大人には奇異に映ったことだろう。当然、技術の巧拙はあり、不器用な私は2キロの歩行が徒労に終わることが多かった。そのようなときに一縷《いちる》の望みを託したのが同級生のHちゃん。彼の研磨技術は最高で、小遣いに余裕があると、一個10円で研磨を頼んだものだった。もちろん、その10円は十分に元が取れるほどの甲冑姿のベーゴマとなって姿を変えたのだった。ここでも「三丁目の夕日」が見えたのである。

田宮俊作『田宮模型の仕事』

（ネスコ　1997年）

507

私が生まれて初めて、自分の作ったもので競技会に出て1位を獲ったのは、プラモデルのスピードレースだった。それは、確か小学校6年生の時だったと思う。市内の玩具屋の屋上で行われたもので、僅か数人のプラモ少年が、愛車を抱えて試合に臨んだのだ。小学生がラジコンを買える時代ではなく、ただ電池で真っ直ぐに走るだけのプラモデルのスピードレースだった。
大会会場に集まったのは、5、6人だったと記憶している。私の通う小学校からは私だけで、集まったメンバーはみんな市街地の小学生らしく、身なりからして賢そうに見えた。当時、親戚でもなければ、別の小学校に通う同級生と遊ぶなんてことはなく、また、学習塾（塾があったか否かは不明）など通っている子どもはおらず、他の学校の生徒に会うと、男子特有の不穏な空気が広がったものだった。

競技会のルールは、主催者であるこの玩具屋で買ったプラモデルであることが条件。しかし、私はこの店でよくプラモデルは買っていたが、当日持ってきたものは、この玩具屋で買ったものではなかった。店主は、見慣れた顔で、私を迎えてくれたが、今思うと、私のモデルがこの店で買ったものでないことはわかっていたと思うが、ここで帰してはかわいそうだと思ったのか、黙認してくれた。

レースのルールは単純。動力である電池のスイッチをオンにして真っ直ぐ走らせるもので、数秒で競技はあっけなく終わってしまった。期待はしていなかったが私が1位になった。何かしらの商品をもらったとは思うが記憶にはない。思い出は、嘘をついて出て優勝してしまったという後悔だけである。

小学生の頃は、今井科学（イマイ）のキャラクター系やサンダーバードシリーズ、アオシマの飛行機など、数百円の安いプラモデルを作っていたが、中学生になって、友だちが作ったタミヤの精巧なプラモデルを見て、すっかり、タミヤの世界に魅せられた。とは言え、先立つものがないため、頻繁にプラモデルを買うことはできず、「知識」だけでも負けまいと、ファンクラブに入って、せっせとオタクを演じていた。なかでも、ドイツの戦車「ロンメル」は、初めて買った高価なプラモデルだった。覚えたてのテクニックを駆使して、線香の火を当てて銃痕をつくったり、筆で車体に微妙な泥を描いたり、プラモデルは自分で彩色するものであることを知った。

プラモデルは、典型的な男子の遊びである。最近は、仏女（仏教好き、仏像好きの女性）、歴女（歴史好きの女性）など、以前ならば、典型的なマニアックな男性の世界に、女性の進出が著しい。そのうち、プラモデルの好きな女性がたくさん出てくるのだろうか。

田宮模型は品質の高さで、業界の荒波を乗り越えてきた日本のプラモデル界の雄である。戦後生まれの男性で、この会社に無縁に生きてきた人がいるだろうか、というくらい昭和と平成の男たちを虜にしてきた。

しかし、組み立てたプラモデルは、飾って、悦に入って、しかし、いつしかゴミになって捨てられる（捨ててしまう）運命である。ミニカーであれば、大掃除の時にどこからとなく出てくることがあるが、プラモデルは出てきたにしても、無残なかたちで現れるだけである。図書館の棚で、プラモデル関係の本を偶然目にして、懐かしそうに見入っている同年代とおぼしき中高年をみると、「いい本でしょう。また、つくってみませんか」と声をかけたい気持ちを抑えるのが大変だった。

芦原すなお『青春デンデケデケデケ』

（河出書房新社　１９９１年）

　中学時代、運動部に入っていなかった私は、日曜日に遠征試合に行くこともなければ、練習もなかった。極めて暇な中学生だった。だから、日曜日の朝といえば、ラジオのニッポン放送のポップスベストテンを聴くのが唯一の楽しみだった。音質の悪いラジオしかなかったので、エアチェックはしていなかったが、神妙な態度で耳を傾け、毎週、ラジオから流れるベストテンをノートにせっせと記録していた。ややマニアックな性格が現れ始めていたようである。

　洋楽に目覚めるのは周りの友だちに比べてかなり早かった。それは、６歳上の兄の影響である。兄はビートルズ、ベンチャーズ、スプートニクス、ハーブ・アルパート＆ザ・ティファナ・ブラスなど、たくさんの洋楽のシングル盤を持っていた。小学生の私にとって英語などわかるはずもなく、英語で歌うビートルズよりも、ベンチャーズのようなインストゥルメンタルの楽曲の方が好きだった。

今、聴けば、決して超人的なテクニックではないのだが、ベンチャーズのお決まりの、ドン・ウィルソンの「テケテケテケテケ」は、ギターの弾けない（当時、触ったこともない楽器だった）私にとって、それはまさに神業で、「カッコいい」と心の中で叫んだ初めての経験だったかもしれない。

ベンチャーズはアメリカ出身のバンドで、明るいノリの曲が多いのだが、一方、スウェーデン出身のスプートニクスは、どちらかといえば、地味な哀愁のある曲が多く、また、日本人がつくった曲も演奏していた。中でも「霧のカレリア」「霧のロザリア」など、抒情たっぷりの曲は大のお気に入りだった。

さて、ポップスベストテンに戻るが、この番組には、正確な名称は失念したが、思い出の曲を紹介するコーナーがあった。親父が胆石で入院していた一時期、母が病院で親父に付き添っていたため、僅かな期間、私は兄と二人きりで暮らしていたことがあった。ある日曜日、屋根に布団を干して、そこに妙な姿勢で、二人寝そべって、青空を見上げ、部屋から流れてくるスプートニクスの「霧のカレリア」を聴いたことがある。弟には饒舌《じょうぜつ》な兄ではなかったが、いつもより会話が弾んだような記憶がある。親父がいなくても、頼れる兄がいるから大丈夫、と必死に言い聞かせていた自分がいたことを覚えている。

思い出の曲のコーナーに投稿して数カ月経った日曜日、ラジオから突然、私の名前が流れてきた。「読まれた！」と狂喜乱舞した瞬間、「お～い、電話だよ」と、私を呼ぶ母の声が下から聞こえた。当時、私の部屋は、母屋から離れた父の作業場の二階。電話は母屋にしかなく、電話がかかってくると、母屋まで行かなければならなかった。しかも、よりによって、初めて投稿した文章がラジオから流れ出したというのに、この間の悪さ。息せき切って受話器をとれば、親戚からの「今、ラジオ聴いているか。お前の手紙が読まれているぞ」と、何ともありがた迷惑な電話。すぐに電話を切って、駆け足で二階の部屋に戻るが、手紙は既に読み終わり、リクエスト曲「霧のカレリア」が流れ始めていた。なんてこった、と唇をかんだデビュー戦であった。

今ではYouTubeという便利な動画サイトがあるが、さすがに、スプートニクスの動画は投稿されていない。しかし、曲だけはいつでも気軽に楽しむことができる。今でも、懐かしい曲を追いかけ始めると2、3時間はあっという間に過ぎてしまう。本当にありがたいものである。

鹿嶋の図書館では、いつもBGMを流していた。音楽はノイズの消音効果、リラクゼーション効果があり、私は図書館で流すことを奨励している。塩尻では、部分的に流せる音響設備がなかったのでできなかったが、小さな分館には、「音の風景」を演出することを勧めた。

図書館を建設する際は、図書館のアメニティを創造しなければならない。図書館という器をいかに快適に創造するかということである。それには、照明や採光、色彩、騒音対策、音環境、空調など、さまざまなものを組み合わせて考えなければならないが、全国の図書館を見て歩いて気になるのは「音環境」である。私は子ども（幼児）の声は、ある程度までは寛容でありノイズとは思わない。館長在職中、利用者から何度か「子どもの声がうるさい。注意しろ」と言われたが、「子どもは大きな声を出して当然。この程度の声は私の許容範囲です」と、引き下がらなかった。むしろ、大人の方がうるさいくらいである。

屋外からの侵入音、館内に響く利用者の声、パソコン等から出る音、椅子等の備品が動くたびに発生する床との摩擦音など、「不快な音」が充満している図書館は少なくない。このノイズを図書館建設時にシュミレーションしなかったのだろうか、と疑問に感じる。採光、空調、植樹などエコロジカル・マネージメントにはどこの図書館も積極的だが、こと、音に関しては、遮音も効果音も不十分な設計の図書館が目立つ。

効果音としてのサウンドスケープは、美術館、博物館などに比べ図書館は脆弱である。図書館は静謐《せいひつ》であるべきとの考えが、効果音さえ否定してしまっているかに思える。

図書館内には学習室、児童コーナー（室）、ボランティアルームなど、さまざまな個室（コーナー）がある。常時ではなくても、適時、「音」がアメニティを創ると思うのだが、実践されている図書館は極めて少ない。

本著は、青春音楽小説というジャンルがあったら、必ず上位にランクされたであろう第105回直木賞受賞作である。1960年代の四国・観音寺市の高校が舞台。ベンチャーズに魅せられた4人の高校生のストーリーである。スライドグリッサンド（またはトレモログリッサンド）と呼ばれるギター奏法は、俗に「テケテケサウンド」とも称され、本著のタイトル（こちらは「デケデケ」）になっている。

偶然入った図書館で、結婚披露宴の新郎新婦の入場時に採用した曲や、恋人と浜辺で聴いた思い出の曲が流れてきたら、また一つ図書館の魅力を覚えるのではないだろうか。「音の風景」づくりも、老若男女をターゲットにした図書館としては必要なのではないか、と思うのである。

流智美『やっぱりプロレスが最強である！』

（ベースボール・マガジン社　1997年）

前著にも書いたように、中学時代、プロレスに夢中になっていた。国内の定期刊行のプロレス雑誌だけでは飽き足らず、アメリカから直接、雑誌を買うくらい熱中していた。国内の雑誌でも一時期掲載していたこともあるが、日本では馴染まないのか、アメリカの雑誌にはレーティング、いわゆるランキングというのが掲載されていて、毎号、それを見るのが楽しみだった。当時、プロレスと言えばアメリカ。ビッグマッチには数万人の観客を会場に集め、レスラーの収入も日本とは雲泥《うんでい》の差があった。そのようなアメリカマット界の「イマ」を伝えるのがレーティングだった。

変動はあるが、日本人でこの上位20位の常連と言えば、ジャイアント馬場であった。日本を主戦場にしていながら、アメリカマット界でも、一目置かれるジャイアント馬場の存在は、私の誇りだった。

190cm、120kgもある男が真剣勝負で勝敗を決めることなど、考えてみたら危険極まりないわけで、プロレスは基本的にはシナリオのあるドラマであるとはわかってはいたが、それでも勝敗は気になるもので、チャンピオンベルトが移ったと知ると、政治的な背景を推察しながらも、「やっぱり強いのだ」と感動するあたりは中学生であった。

当時、アメリカを戦場にしていたグレート小鹿というレスラーは、ジャイアント馬場以上に私の誇りだった。典型的な嫌われ者の役どころは、これまでの日本人レスラーのはまり役を踏襲していたが、ミル・マスカラスを破ってチャンピオンベルトを腰に巻くなど、西海岸のマット界を席捲し、馬場と並び、レーティングに名前を見つけることができた成功者だった。彼のアメリカでの活躍を報じたプロレス雑誌は、今でも宝物の一つである。

しかし、全米に勇名を馳せたグレート小鹿を待っていた日本のマット界は、彼の凱旋帰国を普通の日本のレスラーとして扱い、田吾作スタイルを改め、ショートパンツとリングシューズという普通のスタイルを彼に与えたのだった。トレードマークの髭は残っていたものの、短く整えられ、アメリカでの憎々しい風貌は影も形もなくなっていた。この日を待ち続けた私は、しばらくショックでご飯も食べられなかったくらい落ち込んだのを覚えている。

レスラーとは言え、所属するレスリング会社の一社員。「商品」であるレスラーの売り込み方は会社が決めること。だからグレート小鹿がどうのこうのではなく、この時のグレート小鹿の販促方針が失敗したのである。これまでも、ザ・グレート・カブキ、マサ齋藤、ヒロ・マツダ、グレート・ムタ、TAJIRIなど、国内で想像できないくらいアメリカで成功を収めたレスラーはたくさんいるが、日本においても、そのスタイルを大きく変えはしなかった。それでいいのである。演じている本人は時に恥ずかしくもあろうが、日本では、アメリカでの勇姿を待っているのである。一時期のジャイアント馬場のように、アメリカでのみ髭を蓄えていた例はあるが、長く続いた定番スタイルではない。

プロレスの本と言えば、表現が大言壮語で、史実を丹念に追ったドキュメントというよりも面白おかしく書かれたものが少なくない。そのような中で、本著は主観を排したプロレス本としては極めて優れた一冊である。著者は、ほかにも多くのプロレス本を出しているが、丹念な文献調査の結果が垣間見える文章に出会う時がある。一橋大学経済学部出身と言う斯界では珍しい経歴がそうさせるのか、図書館にあっても全く違和感のないプロレス・ライターの一人である。

リヴォン・ヘルム『ザ・バンド　軌跡』

（音楽之友社　1994年）

寓居の書斎に一枚のポスターがある。ビートルズのアルバム「アビーロード」のジャケットの写真である。ビートルズの4人、ジョン、リンゴ、ポール、ジョージの順で、道路をただ渡っているだけの写真であるが、「ポール死亡説」など、いろんな憶測を生んだジャケット写真としても有名である。最近では、逆向きに歩く写真が競売にかけられて話題になった、あの写真である。

小学校で出会ったビートルズが、還暦まで4年となった私の部屋をいまだに飾っているのである。中学に進学して、自分の部屋を持ってから、私の部屋には、必ず、ビートルズ、もしくはメンバーのポスターが貼ってあった。

なぜか昔からポスターが好きだった。中学3年生の時、髭を蓄えていない頃のビートルズのポスターを版画にし、その学期の美術の成績で「5」をもらった。単なる既成のポスターを版画にしただけなので作品としては問題があるが、ビートルズを彫るなんて中学生がいなかっただけで、ただ目立っていたとも言えなくもない。

CDが誕生する前、レコードショップは今よりずっと華やかだった。重ねられて陳列されているとはいえ、LPレコードのジャケットは本当に魅力的だった。

特にロックのジャケットは、ジャズやクラシックに比べ、一流のイラストレーターが描いたものや、ちょっとした仕掛けがしてあるなど、ジャケット自体がアートだった。

例えば、ローリング・ストーンズの「スティッキー・フィンガー」は、ジャケットのジーンズには本物のジッパーが取り付けられ、ジッパーを開けると白いブリーフが印刷されたカードボードが出てくるといった仕掛けがあった。また、レッド・ツェッペリンの「フィジカル・グラフィティ」は、ジャケットにアパートが印刷され、くり抜かれたアパートの窓から、内袋の絵が見え、内袋の方向を変えれば窓の絵も変わるという代物だった。

こうした凝ったジャケットに比べ、あまりにシンプルであるが、一度見たら忘れられないのが先の「アビーロード」と、ザ・バンドが1969年に発表した「ザ・バンド」である。「アビーロード」もフォトセッションから生まれた傑作であるが、「ザ・バンド」も同じくフォットセッションの作品である。

ファインダーを見据えた5人のメンバー。感情を抑えた彼らの表情からは、ロックの熱いメッセージは伝わってこない。全員が髭を蓄え、モノクロから正確な色は伝わってこないが、服装の色も、およそロックバンドとはかけ離れた地味なものであることは容易に判断できる。そして、老けきった顔。これほど、リスナーに媚びないジャケットは珍しい。これが奇をてらったものなら、そのアート性を楽しめるが、ナチュラル過ぎて、ジャケットにどう向き合えばいいのかわからないのである。

デビュー当時から、老成した雰囲気のメンバーであったが、このジャケット撮影時は、ガース・ハドソン（写真の右から2番目）という広い額と、顔の半分以上を覆う髭面の彼が32歳位で、ほかのメンバーは20歳代というから驚きである。日本では、アメリカほどメジャーにはならなかったが、アメリカにおいてはビックネームのバンドであった。

ジャケ買いという言葉がなかった時代、このアルバムだけは唯一ジャケ買いしてしまった。彼らの音楽の良さをわかるまでには多少の時間を要したが、解散コンサートでは、すっかり年齢相応になってしまったメンバーがいて、ちょっとがっかりしたのを覚えている。

1976年11月にサンフランシスコのウィンター・ランドで行われた解散コンサート

は、『ラストワルツ』として、ライブアルバムと記録映画になっている。

事前に公表されていなかったゲスト陣は、ふたを開ければ、当時の超一流ミュージシャンばかり。ボブ・ディラン、ニール・ヤング、エリック・クラプトン、リンゴ・スター、ロン・ウッド、ニール・ダイヤモンド等、錚々《そうそう》たるメンバーが解散コンサートに駆けつけた。ザ・バンドと言えば、ボブ・ディランは切っても切れない関係で、ザ・ホークスの名前でディランのバックバンドを勤めていたのである。

もし、本著を図書館の7類の棚で見つけたら、思わず、その館の職員の手を両手で握りしめたいくらい、アメリカロック史のある断面を知る上で絶品の本である。

ザ・バンド「ザ・バンド」
（提供：EMI Music Japan）

小峯隆生『1968少年玩具 東京モデルガンストーリー』（角川学芸出版　2009年）

兄の影響は洋楽だけではなかった。兄が自慢げに見せてくれたモデルガンもその一つであった。私が中学生の頃、モデルガンは実物と区別できないつくりであった（もっとも、本物を見たことはないが）。質感、重量感など、あまりにリアルなつくりのために、犯罪に使われる事件が頻発したことによって、1971年の銃刀法改正によって、外観に関する規制が行われたのである。それは、グリップを除く表面全体を白色か黄色に着色することが義務付けられたのである。また、この措置が施されていないものは銃刀法で定める模造けん銃に該当することとなり、所持が禁止され、過去に販売されたものも、表面を白色か黄色に着色しなければ所持が認められなくなった。まさに、モデルガンファンにとってみたら、それはコレクションの対象とはならない魅力のないアイテムになってしまったのである。この法改正によって、僅か2年程のモデルガンコレクターの期間は終わった。

私が持っていたのは、ワルサーPPK、コルトガバメント、リボルバー（正確な名称は失念したが銃身の短いもの）の3丁。中学生の小遣いで買うにはこれが精一杯。火薬を装填して夜に屋外で発砲音を楽しんでいた。もちろん、法の改正前だったので、何の問題もないのであるが、他のコレクションと違って、ちょっと背伸びしたものだった。

中学3年生の時、私は軽い悪ふざけで、ジェームス・ボンドばりのショルダーホルスターを学生服の下にまとい、お気に入りのワルサーPPKのモデルガンをしのばせ登校したことがあった。数人の友人に、学生服の上から硬質の物体を触らせ、その正体を教えると、すぐに話が広まってしまい、結局、担任の先生に職員室に呼ばれ、前代未聞の事件だと叱責されたのである。確かに学校に拳銃を所持して登校するなんて馬鹿な奴はいるはずもなく、幸い親には知らされなかったが、私にとって数少ない校長室呼び出し事件となった。

校長室呼び出しと言えば、高校3年生の時にも一度あった。それは、同じクラスの友人が父親の黒のクラウンを借りて通学（校則違反）していることを聞き、それならば、と下校時に一緒にクルマで自宅まで帰っていたのである。最初のうちは周りの目を気にして校門の外で待ち合わせして乗車していたものの、そのうち調子に乗って、学校の正面玄関のロータリーで乗車したことが先生の目に留まり、翌日、校長室に呼び出された。高校三年生の分際で、しかもクラウン(当時は、今以上に国産の超高級車。学校にはクラウンに乗っていた先生はいなかった)で通学とは何事だ、と先生の激昂をかったのである。

学校には必ず校長室があるが、図書館にも館長室が作られることがある。鹿嶋市の図書館にも館長室はあったが、私が図書館に異動する数年前に、不要として、応接室に変えられていた。大都市は別にして、小さなまちの図書館長は、司書の資格を持った元学校長が就く場合が多い。そのため、長らく個室で仕事をしてきた経験から、図書館においても個室があてがわれるという傾向があるのではないかと思う。

しかし、私は図書館長室というのは反対である。図書館は変則勤務の職場である。全員が定時に出退勤するものでもない。しかも、図書館の来館者はオープンである。常に何が起きるかわからない施設でもある。館長は座っているよりも、館内を歩き回って、時にはカウンターに立ち、利用者と言葉を交わし、そして職員の勤務を見て歩くことが大事だと思う。私の知り合いの県立図書館長で、在任中、館長室を一切使わず、職員と席を同じくした人がいた。どこか本の匂いのする人だった。

デイヴィッド・ダルトン／レニー・ケイ（共著）『ロック偉人伝 上・下巻』

（シンコー・ミュージック　1993年）

私が洋楽に夢中になっていた中・高校生の頃、レコードは高かった。シングル（SP）は500円。アルバム（LP）は2500円が一般的な価格だった。中学生の時の小遣いは月に2000円位だったろうか。高校は5000円だったが、服代も外食代も含んでいるので、そう頻繁にレコードは買えなかった。ラーメンが150円位の時に、アルバムが2500円であるから、現在に比べれば、相当高いものだった。

高校2年生の時に少しやったプレス工場のアルバイト代が一日働いて2000円に届かなかったのである。でも、それでも二日やればアルバムが買えるのであるから、仕事の内容はどうあれ、小遣いとして魅力的だった。

しかし、アルバムを買うとなると、何十枚という垂涎《すいぜん》のアルバムの中から選ぶのであるから、慎重を要した。高校生の頃「俺はレッド・ツェペッペリンが大好き」と、いかにも全アルバムを聴いているような言い方をしていたが、持っていたのは「レッド・ツェッペリンⅣ」と「聖なる館」だけ。あとは、他のアルバムの収録曲である「移民の歌」「グッドタイムス・バッドタイムス」などのシングルを買っては、いかにもアルバムを持っているかのごとく、熱狂的なファンを語っていた。それは、私だけではなく、当時の高校生では、毎月1枚なんて、とても買える代物ではなかったのである。

そのような時代であるから、ラジオが強い味方だった。時に、アルバム全曲をオンエアしてしまうような企画があった。ラジオ局も、リスナーが真剣勝負でラジオの前で身構え、エアチェックしていることをちゃんとわかってくれていたのである。

アルバムもたくさんは買えない。コンサートなんて行けるはずもない（田舎だったこともあるが）。そんな私にとって、月刊誌『ミュージックライフ』は「わかったふりをする教科書」だった。なぜ、そんなにわかったふりをしなければならなかったのか、と言えば、バンドでドラムをやっていたせいもある。バンドをやっていて、レコードをあまり持っていないなんて、見栄を張りがちな高校生にとって、とても口にはできなかった。

当時、全国のロック少年を狂喜乱舞させていた番組があった。ＮＨＫの「ヤング・ミュージック・ショー」である。クリーム、ディープ・パープル、ピンク・フロイドなど、レコードやラジオでしか聴くことのできないロックのメジャーバンドのライブ映像が観られるのであるから、これは一大事であった。レコーダーなんてないので、「テレビを観ている間は絶対に声をかけないでよ」と家族に固く約束させ、テレビの前に正座し、一秒たりとも見逃さない気持ちで、感動で体を震わせながら、時に目に涙を溜め、その珠玉の演奏を、特にドラマーのテクニックを凝視していた。毎回、観終わった後はしばらく放心状態で、返事もうわの空の私を、家族はどう見ていたのであろうか。

YouTubeが現れ、50歳過ぎて、ドン・マックリーンの「アメリカン・パイ」、バッドフィンガーの「デイ・アフター・デイ」、ジム・クロウチの「アイ・ガッタ・ネイム」などの映像を観たときは、やはり感動で、パソコンの前でしばし放心してしまった。

これらはまさにアーカイブである。多くの人たちが観ることができない、と諦めていた画像である。このような感動を、図書館も利用者に提供すべきだと思う。鹿嶋の図書館にいた当時、地域の祭りなどの映像を残そうと、撮影やコンピュータに精通した市民集団を組織し、映像ライブラリー事業に取り組んだ。これらはＤＶＤに加工し、図書館資料として登録してある。図書館の視聴覚資料の充実とは、流通しているＣＤやＤＶＤの収集だけではない。地域の映像を残すことこそ、図書館の仕事なのではないだろうか。

本著は、タイトルどおり、ロックの偉人をコンパクトにまとめたもので、上巻は、エルヴィス・プレスリーからビーチ・ボーイズまで、1950年代から1960年代までのロックのオリジネイターたちの軌跡をたどり、下巻は、バーズからデイビッド・ボウイまで、1960年代中盤から1970年代の初頭に登場したロックの革命児を取り上げている。1969年にデビューしたイエスや、その翌年にデビューしたエマーソン、レイク＆パーマーなど、大物が欠けている点は残念だが、類書の中でも、読み応えがある一冊である。

中でもお気に入りなのが、グランド・ファンク・レイルロード（後のグランド・ファンク）のエピソード。ミシガン州から現れた三人の若者は、辣腕《らつわん》マネージャーのテリー・ナイトにその才能を見出され、怒涛の勢いで成功の階段を駆け上がっていった。しかし、評論家たちは、単なる大音量を売りにするだけのバンドと酷評。モンスター・バンドとして成長していった彼らは、1971年7月に、ニューヨークの大舞台、シア・スタジアムに立った。2カ月前に行った、このイベントを伝える記者会見に集まった記者はたった6人。しかし、コンサートのチケットは発売から72時間でソールドアウト。コンサートの2週間前、テリー・ナイトは早々と、自分とこのバンドを揶揄《やゆ》してきた人たちに痛烈な勝利宣言するのである。それは、ニューヨークのほとんどの新聞に掲載した間近に迫ったコンサートの一面広告だった。既にチケットは完売。入手困難なチケットであることを誇示するかのごとく、あえて載せた文字は「売切れ」の大文字だった。

今でこそ、「完売御礼」という新聞広告は珍しくはないが、これは、プロダクションからファンへの感謝の気持ちの広告である。しかし、テリー・ナイトのこの仕事は、「よくもいままで俺たちを散々バカにしてくれたな。これが俺たちのチカラよ。悔しかったらチケットを探しな。ざまぁみやがれ」との啖呵《たんか》である。「ひや〜、カッコイイ」と思いませんか。いかにもアメリカ的な、いかにもロックなエピソードである。

ちなみに、グランド・ファンク・レイルロードが1971年7月に、東京・後楽園球場で行ったライブは、開始直前に暗雲がたれこめ、突然の突風と稲妻、さらに雹《ひょう》が混じった豪雨となり、開演時間が遅れることになった。しかし、豪雨の中で待たされる観客も、球場の外のチケットを持たないファンも、この想定外の演出にオーバーヒート。約1時間後、観衆の怒号が響く中、それをかき消すように噂の大音量バンドの演奏が始まった。しかし、興奮した聴衆が会場になだれ込み、機動隊との乱闘騒ぎに発展。史上例のないのライブとして、ロックファンに語り継がれているのである。

井上ひさし『青葉繁れる』

（文藝春秋　1973年）

「逃げろ！　警察だ」と、誰かが言った。慌てて飛び込んだのは道路わきの水田。警邏《けいら》中の警官の「そっちの方に逃げたぞ」との声と同時に、懐中電灯の長い光の帯が、私たちの隠れている場所近くを行ったり来たりしている。とにかく声を出さずに身を潜めていれば、警察は諦めて立ち去る、と信じていた。いや、祈っていたのかもしれない。

正確な時間は失念したが、いつものことなので、午後10時は回っていただろう。この日は、1㎞ほど離れた友人の家に遊びに行くために、友だち数人と真っ暗な道を歩いていたところ、ヘッドライトを消したパトカーが近づいてきて、いきなりライトを付け、私たちを照らしたので、慌てて反射的に駆け出して田んぼに逃げ込み、個人宅のブロックに隠れたのだった。高校生としては煙草を持っているくらいで、何も悪いことはしていないので、逃げることはないのだが、警察と見るや、逃げ出す癖がついていたのかもしれない。

警察がやっと諦めサーチライトが消えても、それでもフェイントかもしれないと思い、暗い田んぼの中を、ズボンを膝まで濡らして歩き、友人宅に着いて、外の水道で泥を洗い流し、その日の夜の騒動は何事もなく終わった。

高校生の頃、夜の10時頃になると、母屋から離れた私の物置の二階の部屋は、友だちの溜り場だった。同じ高校に通う数人の友人が常連で、進学、音楽、文学が口角泡を飛ばす話題のベスト3だった。煙草を吸うのが唯一の悪い行為で、会話の中身は当時の進学校の学生らしい清廉潔白な青春グラフィティだった。

今思えば、どうしてあんなに毎日話をすることがあったのか、また、肝心の授業中に寝ていたせいもあるが、夜な夜な集まり、睡眠時間も4時間程度で毎日過ごせたものだと感心する。

今年の7月に、前著の出版を記念する会を友人が企画をしてくれた。会場の茨城の神栖《かみす》市の居酒屋には、埼玉、長野の遠方から友人が駆けつけてくれた。特に埼玉の二人とは「図書館」という接点で親しくなり、ある日、年下の女性が「妹」を名乗ったことで、三人は兄弟になってしまった。私は彼女から見れば次兄にあたり、共通気質は、「短気」「異常な図書館好き」「本しか読まない図書館員は嫌い」「好奇心が旺盛」「人好き」「酒好き」など、会話の肴に事欠くことはない。長兄は、ここに「篤い義理人情」が加わる。

出版記念会の翌日、長野から参加した二人が異口同音に「50歳を過ぎて、兄弟を名乗るほど仲のいい友だち関係は見ていて青春を謳歌しているようだ」と、羨ましがっていた。私が東京でシンポジウムのパネラーを務めると知れば、兄と妹は最前列に陣取る。私が本を上梓すれば、拙著の宣伝に一生懸命駆け回る。まるで兄弟以上である。もちろん、三人は別々に家庭生活を送っている市井人《しせい》である。

市役所に勤めていた頃、図書館は企画課や人事課などの他の部署と違って、他の自治体職員でも図書館勤務と聞いただけで、異常な親近感が沸いたことは確かである。世間では「図書館員は本好きでも、人好きではない」と思われているかもしれないが、図書館員は典型的な人好きである。換言すれば、図書館は人好きでなければ務まらない職場である。

本著は、著者の母校である仙台第一高校を舞台にした青春小説の傑作。誰もが経験する「青春」という、まさに青臭くほろ苦い日々は、当時、高校生だった私の感性にピタッとはまってしまった。ところが、終わったはずの青春時代が、図書館に出会ったことで、再びやってきてしまったのである。本当に図書館という世界は不思議である。

015

内野安彦『だから図書館めぐりはやめられない』（ほおずき書籍　2012年）

自然が創り出した景色が好きか、それとも人間が創った建築物という人工風景が好きかと聞かれたら、答えに迷うだろう。もちろん、それ以前に意味のない問いでもある。

今までに10カ国ほど外国に行った。しかし、世界遺産を見ずに（寄らずに）、ほとんど国を後にしてしまった。関心がないわけではないが、数10㎞先の世界遺産を見に行くよりも、まちをぶらつき、目移りする雑貨に右往左往し、本屋に寄り、珍しいものを見かけたら食べる、といった外国での一日の方が好きなのである。これは、初めての海外旅行体験で学んだことである。

友人三人と行った初めての海外旅行は、パリ、アテネ、ローマを10日くらいで巡る典型的な団体ツアーだった。地理の教科書に出てくるような名所旧跡を分刻みで歩き回り、それに加え、オプショナルツアーで名所旧跡巡りが組まれている。ここまで来たら、見ないで日本に帰るわけにはいかない、という参加者の心理をみごとについている。気が付けば、現地でのオプショナルツアーの申し込みをしている自分がいた。

この旅行中、私はアテネで遂にキレた。「オプショナルツアーはもういい。俺は一人でまちを見て歩く」と宣言。初めての海外旅行で、しかも治安の良くないアテネを一人で大丈夫か、と一緒に来た友人は心配してくれたが、そんな心配をよそに、必要に応じタクシーに乗車し、地図を片手に市中を歩いた。添乗員から、タクシーには気を付けて、と言われていたが、乗り込めば会話が弾み、これが海外旅行だ、とひとりごちた。

この経験があって、海外旅行の団体ツアーは自分には合わないことがわかり、ツアーで行くにしても終日フリープランのようなものを選び、街歩きを楽しむこととした。

この性格は高校生の頃から現れ出して、「団体行動は性に合わない」と、修学旅行は不参加と宣言した。しかし、修学旅行は授業の一環だからと、無理やり連れられて行ってしまったのである。当時、古都の歴史的な建造物など全く関心はなく、京都市内の岡林信康や加川良などが通ったと言われた喫茶店めぐりをしていた。

そして、3年生になって早々に、高校生活が面白くない、と担任に告げ、別な県立高校に転校したいと申し出た。しかし、私立高校なら転校できるが、県立高校には転校できないと諭され、しぶしぶ通うこととなった。ところがある日、高校は単位制であることを知り、12月末まで休まず通学。これで、卒業単位は満たしたとして、親しい友人には「俺はもう学校には来ないから」と、別れを告げ、年が明けたら学校には全く行かず、ひたすら家で受験勉強していた。そうしたら、期末試験の二日目、「どうして試験を受けに来ないのだ」と、担任から呼び出しの電話。「卒業単位は満たしていますので大丈夫です」と答えると、「試験は別だ」と叱られ、しぶしぶ試験を受けに学校に行き、試験最終日、「卒業式には出ないので、よろしく」と言って、私の高校生活は皆より早く終わった。

こんな具合でクラスメートと別れたので、高校を卒業して数カ月経った頃、早稲田の下宿屋に高校のクラスメートから電話があった。「内野君はドラマーになったって言っている人がいるけど本当なの」と、聞かれ絶句したことを覚えている。

国内を旅していても景勝地よりは図書館に足が向き、そこがどんなに立派な施設や設備であってもたいした感動は覚えない。図書館からもらう感動はやはり「人」である。図書館員のプロフェッショナルな一挙手一投足が、やはり図書館サービスの象徴である。だから、図書館めぐりをしなければわからないのである。

柳生すみまろ（責任編集）『ロバート・レッドフォード』

（芳賀書店　１９７６年）　778

早稲田に下宿していた頃、高田馬場駅前と下宿屋の近くに、当時、名画座と呼んでいた、封切り後数年経った映画を廉価で観られる映画館があった。

映画を観たところで、心底からリフレッシュなど叶わない浪人生であったが、それでも、映画でも観ないとやりきれない青春時代。そこは、３００円で、例えば、マルチェロ・マストロヤンニ&ソフィア・ローレン主演の「ひまわり」と、バーブラ・ストレイサンド&ロバート・レッドフォード主演の「追憶」の二本立てが観られるなんていう、映画好きにはたまらない場所だった。

封切館のない田舎のまちに育った私には、東京に出てくるまで、こんな名画を銀幕で観ることなどできなかったので、〝勉強の合間〟と自分に言い聞かせ、足しげく名画座に通った。ここで、私は初めて男優に惚れてしまったのである。それは、若かりしロバート・レッドフォードだった。

「追憶」「華麗なるギャツビー」「華麗なる飛行機野郎」「スティング」「明日に向かって撃て」など、全て高田馬場であったかどうかは失念したが、彼の主演作を名画座で観て、すっかり虜になってしまったのである。とにかく美男子で、役柄に応じて蓄える髭が似合い、役柄も型にはまらず、もちろん、主演作はいずれも大ヒットであった。当時、美形の役者と言えば、フランス人のアラン・ドロンがいたが、かれは痩身で、胸毛はなく、どちらかと言えば女性受けする俳優だった。

多分、染めてはいないと思うのだが、レッドフォードと言えば、サラサラ系の少しウェーブのかかったブロンドの髪から覗く黒色がやや濃くなった少し長めのもみあげ。美男子系にしては意外とがっちりとした体躯。そして、ショーン・コネリーばりの、かなり濃い目の胸毛。最近、胸毛はすっかり若い女性から敬遠されているようであるが、「男はやっぱり胸毛よ！」と叫びたくなるくらい、立派な胸毛であった。

多くの主演作の中でも好きだったのが、あまり知られていないが１９７２年の作品「大いなる勇者」である。１８５０年代のアメリカ西部を舞台に、押し寄せる文明を忌避して山に入った青年の孤独と、文明生活を批判的に描いた作品で、レッドフォードとしては、唯一、顔が隠れるくらいに髭を蓄えた荒々しい風貌が印象に残っている。

図書館で映画を上映しているところは少なくない。民業を圧迫しないようにとの考えで上映しない図書館もある。最近では、16ミリフィルムの上映はめっきり少なくなり、DVDの上映が多いようである。

図書館で上映されるDVDは、上映許諾のついたものであり、「図書館でこんな映画を上映してください」と言われても、販売されているDVD全てに上映権が付いているわけではない。

塩尻の図書館では、2011年から、えんぱーくらぶというボランティア組織の中の図書館グループが企画して、図書館主催で映画会を不定期ではあるが行うようになった。映画館のような大画面とはいかないが、それでも、かなり大きなスクリーンで観る往年の名画は、図書館行事としては、他の行事ではなかなか得られない層のお客様に好評を博しているようである。もちろん、市内の映画館経営者には、開催日時、上映作品等を事前に連絡し、経営への影響にも配慮をしている。

「DVDになってから家で観る」という人もいようが、私は、映画は映画館で観るべきという考えである。大きなスクリーンに映すことを前提に作られている以上、大きな画面で観なければ感動は伝わりにくい。

図書館が映画会を行う際に大事なことは、映画を上映することだけではなく、関連した図書館資料があることをいかに利用者に知ってもらうかである。もしも、一度も本を借りたことがないという利用者が、映画会のチラシを見て来館したとしたら、図書館サービスを知ってもらう絶好の機会である。図書館のイベントは、潜在的な図書館利用者をいかに掘り起こすかであり、単にイベント参加者の多寡で評価するものではない。

塩尻の図書館では、新しい取り組みの一つとして、2011年からビブリオバトルを研究し始めた。ビブリオバトルとは、京都大学から始まった読書会の一形式と言われているもので、参加者が各自、自分の好きな本をプレンゼンテーションし、それを聞いた聴衆が、どの本が一番読みたくなったかを投票して決めるというもの。ゲーム感覚を取り入れた書評合戦のようなものである。職員を大会に派遣し(聴衆として)、そのノウハウを学んでもらい、職員自らが実際にやってみて、2012年度から試行的に始めた。

図書館資料をいかに有効かつ効果的に利用者に活用していただくか、全国の図書館で、さまざまなイベントが行われている。このイベント覗きも図書館めぐりの楽しみである。

五木寛之『雨の日には車をみがいて』

（角川書店　1988年）

初めて左ハンドルのクルマを買ったのは27歳の頃。外車は2台目だったが、いきなり、左ハンドルのクルマを運転して、東京から自走できない、と無理を言って、東京のディーラーから千葉県の成田まで運んできてもらった。今思えば、一笑に付される話である。

東京の環七沿いの中古車店で買ったクルマは、アウトビアンキ・アバルト・A112。当時、典型的なボーイズ・レーサー（高性能ハッチバック車）として、ミニ・クーパーと並び、人気のあったイタリア車だった。全長は3268㎜、全幅1480㎜という現在の軽自動車より小さいが、エンジンは1050cc、70馬力で、ツインキャブという強者。運転していて本当に楽しいクルマだった。

初めて運転する左ハンドルは、走り出して数分も経つと全く違和感はなく、むしろ、歩道の人や自転車が視界に入りやすいので、運転していて安心感を覚えた。むしろ、日本の交通事情に合っているのではないかと思うくらいで、東京から運んできてもらったことを恥ずかしく思った。左ハンドル車を見栄で乗っていると揶揄《やゆ》する人がいるが、これはとんでもない誤解。日本車で左ハンドル車があったら、多少価格が高くても、私は迷わず左ハンドルを選ぶ。

当時、このクルマを新車で扱うディーラーが水戸にあった。当時の給料では新車は買えないので、東京で中古車を見つけたわけであるが、少しでもお金をうかすために、友だちから聞いた情報をもとに、陸運局（当時は陸運事務所と呼んでいた）にクルマを持って行って、自分で名義変更をやったのである。今のように、インターネット等の情報はなく、業者に頼んで支払う費用の十分の一でできるという友だち情報を信じて挑戦してみたのである。

しかし、聞いていた話とは違い、簡単ではなかった。それは、一人の係員の「見たことないクルマだな、これ」から始まった。「これ、平行もの（正規のディーラーを通じて輸入されていないクルマ）じゃないの」と、たたみかけてくる。現に、水戸市内を何台も走っているが、もちろん、極めて僅かな台数で、初めて見た、と言われても仕方がなかった。

最後には「悪いけど、ちょっと走ってみてくれない」と、言われる始末。単なる名義変更なのになぜこんなことになるのか。さらに、追い打ちをかけるように「これって、いくらしたの。中古って言っても高いんじゃないの」と、まるで「20代のガキが、いい気になって、イタリア車なんかに乗るのは生意気だ」とでも言いたいような悪態をついてきた。

これ以降、自分で名義変更に行ったことはないが、この日の全てがいろいろ面倒だったということと、不愉快であったということである。

クルマといえば、私は中古自動車販売業者の知人に、競りで落としてもらって買っている。年式、色、走行距離、そして価格の条件を示し、合致したのが出てきたら、落としてもらうというもの。業者は、間違いなく買ってくれる顧客のために競り落とすので、競り落として買ってはみたものの売れない、というリスクがない。そのリスクがない分、相当安く買えるのである。特に、日本人の好むボディカラーのシルバー、白、黒以外のクルマは、市場に出てくる頻度も減るが、人気がない色だけに安く買えることがある。

本著はクルマ好きならば、きっと忘れられない一冊になると思うくらい、自動車小説（こういうジャンルがあるかどうか知らないが）では秀逸の作品である。クルマ好きの著者ならではのシングルモルト・ウィスキーのような芳醇な、大人のラブ・ストーリーである。

宮本輝『青が散る』

（文藝春秋　1985年）

運動が苦手な私が夢中になったスポーツが二つある。いまでは、遠い昔のことになってしまったが、それはウェイトリフティングとテニスである。

ウェイトリフティングにはまったのは、26～28歳の頃だった。きっかけは、市のスポーツセンターが主催したパワーリフティング講習会。講師は住友金属社員で、パワーリフティングの全国大会に出場するほどの一流アスリート。ウェイトリフティング（重量挙げ）と、パワーリフティングとは、同じくバーベルを使う競技だが種目が違う。ウェイトリフティングがバーベルを頭上に差し上げる競技に対して、パワーリフティングはスクワット、ベンチプレス、デッドリフトの3種目の最大重量のトータルを競うものである。スクワットは、バーベルを肩に乗せ、直立した状態から膝関節の屈曲・伸展を繰り返す運動。ベンチプレスは、ベンチに横たわり、バーベルを胸の上で上げ下ろしする運動。そして、デッドリフトは、足を肩幅と腰幅の中間ぐらいに開き、床に置いたバーベルを握り、腰を前方に突き出すようなイメージで上体を起こしていく運動である。要は、腕、足、背中など、全ての筋肉を極限まで鍛えぬくスポーツである。

数カ月にわたった講習会が終わり、だれからとなく参加者から、クラブをつくって、継続して楽しみたいという声が上がり、私が初代の事務局長を仰せつかった。会員は全員男性。なかには、まるでプロレスラーのような体型の会員も少なくなかった。

なぜ、運動嫌いな私がはまったかと言えば、肉体が変わっていく、という他のスポーツでは味わえない楽しみを見つけたからである。

この肉体の変化は顕著に表れた。今でも動くが、大胸筋が左右、自分の意志で動かすことができるようになり、胸が筋肉で隆起してきたのである。また、腕も太くなり、憧れのプロレスラー体型へと徐々に変わっていった。

メリハリボディに関心をしめす女性会員が入会したこともあったが、何せ、トレーニングジムに入ってくるなり、上半身裸になって、全身が映る鏡の前で、いろいろなポーズをとり、筋肉の動きを確認する輩が多かったせいか、長続きする女性会員はいなかった。

飲み会ともなれば、その光景はすさまじく、体型がもろに出る夏場は、半袖からはみ出した太い上腕筋が軽々とビールを飲みこんでいるようだった。

私も一時期は胸囲が1mを超え、既成品のワイシャツではフィットせず、オーダーメイドせざるをえなかった時代もあった。いまでは見る影もないが、胸囲105cm、腹囲79cmがベストのサイズであった。

もう一つがテニスである。軟式テニスの経験はあったが、テレビで、ビョルン・ボルグとジミー・コナーズの対照的なプレーの応酬をみたのがきかっけで、すぐに、スポーツショップにラケットを買いに走り、一時期は、二つのクラブに入り、週末は朝から晩までテニスコートを駆け回っていた。それでも一向に上手くはならなかったが、楽しくてしょうがないほどテニスに溺れていた。

今では、身長190cmクラスが当たり前になっているが、当時は180cmほどの選手がテニスプレーヤーの主流で、決して小柄とは言われなかった良き時代であった。しかし今は、あらゆるスポーツが上背の高いほど有利になりつつあり、柔道で言う「柔よく技を制す」のシーンが見られなくなっているのが残念だ。172cmの私など、今のスポーツの世界では、体格に恵まれない小兵扱いである。

テニスと言って真っ先に思い浮かぶのは本著。東京郊外に新設された大学のテニス部を巡る青春小説。作品の舞台である武蔵野学院大学は架空の大学であったが、2004年に、同名の大学が本当に開学してしまった。これはたまにある話で、私の身近なところでは、鹿嶋市内にある県立鹿島灘高等学校は、1979年に水谷豊が演じた「熱中時代 刑事編」の主人公、早野武の出身校。もちろん、放送当時は架空の学校だったが、1980年に鹿島灘高校が開学するというサプライズがあった。

さて、図書館員は男女とも、大人しいイメージを描く人が多いと思うが、意外と学生時代はスポーツをしていた人が多い、というのが私の印象である。何でもそうであるが、ある程度、趣味を極めると、「何でも好き」から「これ以上なら許せる」みたいに厳しい目が養われてくる。楽器であれば、「音が出ればいい」から「この音では納得いかない」みたいに、微細な選別をするようになる。

図書館員の選書もそうである。年間7万点余も出版される新刊書から、限られた予算で何を買うか、常に真剣に悩んでいるのである。しかし、最近は、どうも腑に落ちない選書をしている図書館が多い。「あぁ、貸出冊数を気にしているのだな」と悲しくなる。

例えば、出版科学研究所が年に一回発行している『出版指標年報』という参考図書がある。田舎の書店の店頭には絶対に並ばない本である。ということは、本の存在すら、一般市民は知らないということである。しかも、「出版」という最も図書館が守備範囲としなければならない基本的な一冊である。1万4000円という価格は、個人が購入するには厳しいし、研究者でもなければ、個人が購入するものではない。図書館が買うべき本として作られていると言っても過言ではないのである。しかし、この本を所蔵している公共図書館はごく僅かである。

単価2000円の小説を7冊買うか、この本を買うかであり、迷う選択ではないはずだが、なぜか図書館に所蔵されないのである。かつては購入していたが、最近は購入を控えている図書館もあり、私は本当に図書館の選書に不安を覚えているのである。

図書館は良書のセーフティネットでなければならない。図書館が買ってくれるから、安心して良書が出版できるという仕組みをあらためて考えないと、旬の話題を追う些末な企画本とベストセラー本が大半を占める「無料貸本屋」に限りなくなっていってしまう。ハリー・ポッターシリーズが当然のように大量に購入されて貸し出されているのは、実は世界では日本の図書館くらいである。利用者が求めるからというのは実は言い訳で、その前に、図書館サービスの基本をきちんと利用者に伝えているのだろうか、と私は思うのである。

山本直治『実は悲惨な公務員』（光文社　2008年）

22歳で鹿島町（現在の鹿嶋市）の職員に採用され、最初の部署は総務部総務課選挙係だった。2カ月後の6月の機構改革で名称が庶務課行政係に変更となり、4年間、区長会、議会（議案作成）、選挙管理委員会を担当した。

法律中心で創造的な仕事ではなかったので、特に楽しいと思って仕事をしたことはなかったが、市全体を俯瞰《ふかん》できる仕事であったので、デビューの部署としては恵まれていたと思う。

辞令交付式は、4月2日（月）。総務課に配属になった新人は私のほかに二人。6月に機構改革を控えていたからなのか、二人は係名のない総務課付けで、係名が辞令にあったのは総務課では私だけだった。

3日間は新採職員研修が終わると定時に帰れたが、4日目の木曜日、帰宅はいきなり0時をまわった。それから4月22日（日）まで、毎日、土日も含め帰宅はほとんど0時前後。遅い日は午前2時位の日もあった。それでも、当たり前だが、毎朝8時30分までには出勤。この三週間は何もわからぬまま、ただ役所に通ったという思い出しかない。それは、4月8日に県知事選挙、4月22日に町議会議員選挙があったからである。選挙管理委員会の書記を任命され、何が何だかわからないが、無我夢中で、各課から動員した職員を指示する立場であった（実際は指示された）。

選挙管理委員会は、町、県、国の選挙のほかに、農業委員会、海区漁業調整委員会等の様々な選挙を執行するのが仕事で、単純であるが、一歩間違えたら、新聞沙汰になることから、心身の消耗を極める業務だった。様々な選挙が一つの周期で回ってくるのと、衆議院議員一般選挙のように解散選挙が入ってくることで、選挙のない年はない。一つの選挙で、約一カ月間、土日返上の深夜帰宅が定番だった。選挙が終われば、他の業務が山積みになって待っているので、代休は全く取得できない。全て時間外勤務となることから、若い公務員にしては、先輩たちを凌駕する高給取りの月もあった。しかし、「休みはないが、給与がいい職場」は苦痛でしかなく、毎年4月の定期異動で、どこでもいいから異動にならないかと、祈る思いであった。

当時、選挙人名簿の閲覧をしたいという申請が頻繁にあった。個人情報に関して今ほど神経質でなかった時代で、無料で、煩雑な手続きもなく、氏名、住所、性別、生年月日を見ることができたのである。もちろん、一定の条件を満たした上での許可であったが、ある日、私が申請を却下したことで、申請してきた会社と、却下理由に妥当性を欠くとして、電話で叱責されたことがあった。「田舎の木端役人に、法律の解釈ができるのか」と、延々と罵詈雑言《ばりぞうごん》を浴びせられた。相当長い時間の応酬は、相手が乱暴に受話器を置くことで終わった。「木端役人か……」と、しばらく心の中で反芻《はんすう》しながら、これが公務員の仕事か、とも嘆息した。

その後の30数年の公務員生活の中で、いろんな人に、どれだけ罵詈雑言を浴びせられたことだろう。理不尽な叱責もあれば、部下のミスの謝罪、法律の解釈を巡っての衝突、ちょっとした感情のもつれによる軋轢《あつれき》など、枚挙に遑《いとま》がない。

私の上司の発言を巡ったトラブルでは、部下である私が親しかった市民から叱責を受け、叱責される理由もないことから、私に乱暴な言葉を投げた人の家を夜中に訪ね、玄関を開けてくれるまで帰らないと、2時間ほど玄関前に立って、玄関が開くのを待つという強行手段をとったこともあった。若気の至りである。

また、市民と言葉のやり取りでトラブルになり、上司から、事態を収拾するために、「謝ってほしい」と懇願されたが、首を縦に振らなかったこともあった。ちっぽけだがプライドがあったからである。それは、私は叱責されなければならない理由はないという自負があったからである。要は、木端役人なんかではない、という矜持である。

しかし、部下のやってしまったミスについては、真摯に謝罪し、時には自宅に伺い、ひたすら頭を下げることもあった。許していただけることもあるが、三和土《たたき》で1時間も立ったまま謝罪しても、許していただけないケースもあった。一方、理不尽な相手の要求は頑なに受け入れなかった。

私はひたすら低姿勢にいたつもりでも、傍らで応酬を見ていた職員が、私の眼光があまりに鋭すぎた、と指摘されたこともあった。

管理職とは「敗軍の将、兵を語らず」に尽きる。部下の悪口を言っている管理職がいたら、それ以上に、陰で部下から雑言を浴びている管理職自身の姿を想像してしまうのである。

本田有明『あの人の人生を変えた運命の言葉100』

（PHP研究所　2010年）

159

10数年前、千葉駅にある、そごうデパートに出かけた時のこと。店内に大きな書店がなかったので、店員さんに「この近くに大きな書店はありませんか」と尋ねた。すると、その店員さんは私をエレベーターの前まで誘導し、「私は1階のエレベーター出口でお客様をお待ちしていますので、こちらに乗って降りてください」と言って、別々に1階に降りた。そこから、デパートを出て、その店員さんは、目当ての書店のあるビルが見えるまで私を案内してくれたのである。私はその接遇に深く感動し、家に帰ったら直ぐに、千葉そごうの店長宛てに、社員の素晴らしい接遇を絶賛する手紙を書いたのだった。後日、千葉そごうの人が菓子折りを持って70㎞も離れたわが家を訪ねてきてくれて、この一件は私にとって、さらに忘れられないものとなった。

私は感動を覚えたときは素直にそれを相手に伝えるようにしている。前著にも書いたが、素晴らしい本に出会えば、著者に感動を伝える。素晴らしい接遇を受ければ、その人の上司にあたる人に手紙を送る。本であれば、たまに著者から礼状が届くことがある。千葉そごうのような返礼はめったにないが、私自身の経験から、サラリーマンは褒められることが少なすぎると思う。だから、もっと褒めてあげるべきだと思うのである。褒められて嫌な人はいない。ましてや、それが上司を通じて外部の人からの声であればなおさらである。

上司に手紙を書くのは稀ではあるが、できるだけ、その場で感謝の気持ちを伝えるようにはしている。私たちは「ありがとう」をもっと使うべきである。

私は33年間、地方公務員をやってきた。罵詈雑言を浴びせられたり、理不尽な叱責を受けたりという思い出が多い。しかし、他の部署ではほとんどなかったが、図書館だけは、叱られもしたが、それ以上に褒められ、鼓舞され、勇気をもらう日々だった。

役所の仕事は、市民に喜ばれる仕事と喜ばれない仕事に分かれる。市民の行動や行為を法律で規制したり、税金や使用料を徴収したりする仕事は喜ばれることは少ない。一方、お金や物を給付したり、相談に応じたりする仕事は喜ばれることが多い。その点では図書館は後者に属する仕事であるが、とは言え、そこは市役所の仕事。市民の要求や感情に全て応えられるものではなく、お叱りを受けることも日常茶飯事である。しかし、相談に適切に応えることができた時などは、お礼の言葉をいただくことも少なくない。

私は塩尻の図書館長時代、「言葉ノート」というものを書いていた。鼓舞される言葉をもらった時に、それを忘れずにつけるノートである。誰一人知り合いのいない地に単身赴任し、しかも周囲は期待の目もあれば、嫉妬の目もあるであろう中で、成果を出さなければならないプレッシャーは相当のものがあった。せめて、数人の親友がいて「雑音は気にするな」と背中を押してくれればいいが、そんな支えは一切なかった。微細な雑音にまで耳をそばだてる精神的疲労を打ち消してくれたのは「応援してくれる言葉」だった。

館長の仕事は、いかに職員の士気を高めるかである。125頁にも書いたが、私は利用者からいただいたお褒めの言葉は、忠実に職員に伝えるようにした。手紙をもらえば、全員が見られるようにした。もちろん、館長自身が職員を常に褒めることを忘れてはならない。

塩尻市役所を退職して2カ月が過ぎた頃、元部下からメールが届いた。本文には、あまりにも嬉しくて、とコメントがあった。それは、パソコンの端末で見られる職員共有の情報ネットワークの掲示板に市長が書き込んでくれた言葉であった。

内容は、図書館の司書がレファレンスに親切・堅実にかつ迅速に対応し、そのレベルの高さに、相談者からお褒めの言葉をいただいた、というもの。そして、「レファレンスサービスこそ、これからの図書館サービスの命」と云っておられた内野前館長の理念の実践事例でしょう。これからも更に有用な図書館へと進化して下さい、と結んであった。

市民からの苦情に対し、職員の綱紀《こうき》を正す言葉を流すことはあっても、いい仕事をしてくれた、と市長が職員に伝えることは稀である。なぜならば、いい仕事をすることが当然の務めであるからである。しかし、このように、職員を鼓舞してくれることは、時に生涯忘れられない言葉になる。しかも、2カ月前に退職した職員である私の名前を書き込むというのは異例である。私は早速、講師を務めた文部科学省の研修でこの一件を披露した。

77頁で紹介したが、教育長が定例教育委員会の挨拶で私の個人的な文芸活動の拙文を紹介したり、今回の掲示板のように、市長が2カ月前に退職した職員の功績を称えたり（自分で言うのも変であるが）するのは、寡聞にして聞いたことがない。あらためて、いい地方自治体で働かせてもらったと思う。

言葉にしなくても通じることもあるのだろうが、やはり、大事なのは言葉に出すことだと思う。その言葉で救われる人がいるかもしれないのだから。

林田正光『あらゆることが好転していくご挨拶の法則』（あさ出版　2008年）

385

鹿嶋市と塩尻市の教育委員会に7年間所属していた。うち6年は両市の図書館長として、1年は鹿嶋市の学校教育課長として、毎月開かれる定例教育委員会に出席した。

同じ人口規模のまちであったが、定例教育委員会の会議の進め方は全く違っていた。例えば、教育長の座る席が、鹿嶋市は部課長席側、塩尻市は教育委員席側で正反対。議案審査等にかける時間も協議内容も、こんなに違うのだ、と驚いたものである。

会議の冒頭に教育長の挨拶があり、塩尻市の場合、出席している管理職員が教育長の挨拶を聞きながらペンを走らせる姿は嫌いではなかった。教育長の挨拶は、その1カ月間の塩尻市または長野県、さらには全国の教育行政のトピックスを語るもので、ときに私見を交え、出席した管理職員に刺激を与えるものであった。

２０１０年1月の塩尻市の定例教育委員会の教育長挨拶で、私の名前が突然出てきたことがあった。前日に、教育長から電話があり、私の名前を出すことを了解してほしいと言われていたので覚悟はしていたが、記録用のボイスレコーダーが教育長の言葉を拾う静謐な会議の席上、私が所属する「文芸しおじりの会」の機関誌（季刊）に書いた私の拙稿を取り上げ、日本の出版事情等に触れ、開館まで半年となった新図書館に寄せる期待を述べたのであった。そして最後に、「この文章を書いたのは、ここにいる内野館長さんではないかと思います」と、とぼけてみせたのである。多分、出席していた教育委員や管理職員はさぞかし驚いたことだろう。公式な記録として残る会議に「鉄腕アトム」「鉄人28号」「サスケ」の文字が刻まれたのであるから、生涯忘れられない教育委員会議となった。

私は、講演や会議などの席で、同席している人の発言をできるだけ引用するようにしている。講演会冒頭の主催者挨拶の言葉を引用させてもらったり、会議で、他の委員の発言を重複させて言ったりするのである。別に言葉尻をとらえて批判する訳ではないので、相手は決して不快には感じないはずである。時に初めての会議では、会議終了後、同じ考えなのだ、という安心感を与えたのか、言葉を借りた相手から声をかけられることも少なくない。私はネットワークづくりの手法の一つと考えている。

このきっかけとなったのは、年1回行われる地区体育祭で、地区公民館館長として体育祭実行委員長を長く務められた元校長先生の挨拶であった。それは、必ず当日の朝の新聞に載っていた記事を紹介するものであった。新鮮なネタを入れることで常套句の連続になりがちな挨拶が無味乾燥にならないのである。講演に招かれた土地では、地元紙を買って、くまなく目を通す。また、少し早めに着いてまちを歩く。そうすると、講演に使える地元ネタがけっこう見つかるのである。時に、北海道でも沖縄でも、どこでやっても同じ講演のような話を聞くと興ざめすることがある。この講師にとって、招かれた場所に関心がないとすれば、聴いている人にも関心がないということになる。失礼な話である。

自分の言葉や文章、または地元の大切にしているものが、他人の口から発せられることは嬉しいものである。日常の図書館サービスでもそうである。子どもの発した言葉を引用することで、子どもの目の輝きが変わってくる。「そうなんだぁ、とっても詳しいね。今度、また教えてね」と声をかけてあげたら、子どもは嬉しくて、お母さんやお父さんに、きっと報告するだろう。カウンターの職員を指さして、「あのお姉ちゃんが褒めてくれた」と、何度も得意になって言う姿を見るのは微笑ましいものである。そして、帰り際、「バイバイ」と笑顔で手を振ってくれたら、図書館員は幸せな一日になるのである。

私の勤務していた塩尻市立図書館では、カウンターに来られた利用者に、職員は必ず「こんにちは」と声をかけていた。また、館を出て行かれる利用者には、「ありがとうございました」と声をかけるのも励行していた。

図書館では、この職員の挨拶がないところが多い。「こちらからは挨拶はするな」とでも、館長から教えられているかと感心するほど、利用者から先に挨拶しないと、挨拶してくれない図書館もある。こんな話をすると、決まって言われるのが、静かな館内が図書館職員の声で騒がしくなるので、と弁解されることがあるが、挨拶をうるさいと思う人が多数派とは思えない。私は少数派の意見も尊重すべきだとは思うが、少なくとも、外国人には、この理由は正当化できない。「うちの図書館デザインは環境に配慮したユニバーサルデザインですから」と言うのなら、せめて、接遇もユニバーサルにしてほしいものである。

本著の著者の林田氏は、日本CS・ホスピタリティ協会の理事長。ホスピタリティという言葉を日本に根付かせた第一人者である。

著者は言う。「どのような出会いが生まれるかは、運に左右されるところもあるでしょう。ですが、出会いを生かせるかどうかは、その人の心がけ次第です。そして、この心がけを象徴するものがご挨拶なのです」

櫻井寛『鉄道グッズ大図鑑』

（トラベルジャーナル　1999年）

686

移動の交通手段として、私が最も好きなのはクルマである。とにかく自由度で言えば、あらゆる移動手段に勝る。独り言も許されるし、何より個室で執筆や講演の構想を練れるのが嬉しい。運転という行為の緊張感は避けられないが、天候、景色、音楽などによって、その緊張感は解放感さえ導いてくれる。さらに、運転する車両が、大好きなポルシェ911やシトロエンDSや2CVならば、想像するだけでニヤニヤしてしまう。

しかし、事情があって、鉄道、高速バス、飛行機に乗らなければならないとなると、憂鬱になる。まず、隣席の人が気になって、執筆や講演の構想などできたものではない。窮屈な席で身動きも不自由で、座った席によっては景色すら楽しめない。昔は、ちょっとした会話がきっかけで、旅の友となることもあったが、最近はポータブル・プレーヤーで音楽を楽しむ人が増えてきて、声をかけることすらはばかられるようになってしまった。私は依然として、ポータブル・プレーヤーを車中では使わない。旅の楽しみを自分から失いたくないからである。しかし、海外に比べ、日本は本当に隣席の人と話をする機会が減ってしまった。数時間、会話をせずに座っているなんて、私には耐えられない。だから、クルマ派を主張しているのかもしれない。

しかし、クルマの移動では絶対にない楽しみ、それは車内(機内)販売である。日本国内では、車内(機内)販売は飲食物が一般的だが、外国に行くと、いろいろな記念品を目にすることが多い。もともと、計画性のないコレクターなので、見るものをやたらと欲しがってしまい、買ってはみたものの、何を買って、それが今どこに置いてあるかすら忘れてしまうことが多い。要はグッズ集めの素人なのである。

グッズとは大別すれば二つである。お金を払って購入するものと、ただでもらえるものである。どちらも立派なコレクターズ・アイテムである。また、グリコや缶コーヒーなどのおまけのように、人によっては、対価として支払うのが「商品」よりも「おまけ」にある場合もある。これは、有料なのか無料なのか、判断に迷うものがある。ちなみに、私の場合の缶コーヒーのおまけは、飲みたくない銘柄でも買うので、有料のグッズである。

前著にも書いたが、私のコレクションは、新聞に載ったクルマの広告、クルマのパンフレット、外車ディーラーからのＤＭなどで、クルマの広告欲しさに新聞を定期購読していないので、こちらは全て無料のコレクションである。

本著を手にしたとき、「だよな」と納得した。グッズ集めとはかくあるべし、と快哉《かいさい》を叫んだ。やるなら徹底して、あちこち手を出さずに歩むべしなのである。そして、それはいつか、一冊の本として貴重な記録を残すことに繋がることを教えてくれる。

鉄道ファンは、他の乗り物に比べ、その幅は広く歴史も長い。大学や高校などの研究部、社会人のサークル・連合組織といった団体活動を始め、その範囲は車両研究、写真撮影、録音（発車メロディ、車内放送など）、模型、コレクション（切符、駅スタンプ、車両部品など）、旅行・乗車、駅弁探訪、時刻表、駅舎、廃線探訪、鉄道史研究など、挙げたらきりがない。オールラウンダーもいるのかもしれないが、ファンはそれぞれに特化し、「ファン道」ならぬ「鉄道」を極めているようである。

本著は、たまたま図書館で見つけたものである。図書館の書架を見て回るのが私の趣味。私の場合はこういう素晴らしい本と出会えることを楽しみに、旅をしているようなものである。ちなみに、私のコレクションは「図書館での人と本との出会い」である。

金井奈津子『松本ＢＡＲストーリー』

（日本バーテンダー協会関東統括本部　長野県本部　松本支部　２０１２年）

塩尻に住んでいた頃、行きつけのバーがあったことは前著に書いた。週末の金・土曜日だけ開ける店だった。常連との会話と、常連が持ち込むお酒と肴《さかな》をいただくのが楽しみな珍しいバーだった。

塩尻にはもう一軒、行きつけとまでは言わないが、年に4、5回訪ねるバーがあった。ここは広丘駅前で、先のバー同様、なかなか一見《いちげん》さんでは入りにくい地下一階にある店で、私はライブがあるときだけ顔を出していた。

ジャズが好きな私は、ハーフタイム・ブラザースと名乗るバンドの演奏が大好きだった。トランペットと司会はマスター。ほかに、サックス、トロンボーン、ドラム、キーボードが定番の編成で、時折、ベースが加わることがあった。そして、ボーカルは紅一点のユキエさん。「不幸の幸（こう）に、恵まれない、の恵（え）と書く幸恵ちゃんです」と、笑いを誘う紹介はマスターの定番。メンバーは、ミュージシャンとして生計を立てているわけではないが、完全にプロのテクニック。馴染みのない楽曲の日もあれば、スタンダードな楽曲の日もあり、毎回、行ってみてのお楽しみ。一人で行っても、毎回、数人の知人がいて、会話に事欠くことはなかった。また、私が知らなくて、先方から「あれっ、館長さん。ジャズ好きなんだぁ」と親しげに話をされるも、一向にわからない時もあった。

ライブ通いの始まりは、市議会議員が教えてくれたライブ情報。誘われて一緒に一度行ったら、すっかりハマってしまい、それ以降は、店からの電話待ちで、ほとんど欠かさず通うようになった。

バーの好きなところは、カウンターの前に並ぶ洋酒のボトルの美しさである。奇をてらった派手な形状の瓶も多少はあるが、日本酒やワインと違い、瓶の形状や色が、控えめながらも自己主張しているのがいい。また、日本酒ではあまり使われない、赤、緑、黄、青などの鮮やかな色のラベルが、モノトーンの暗いバーの店内で、陽気なたたずまいをしているのが、またいいのである。

そして、何といってもバーと言えばバーテンダーである。白と黒を基調にしたその服装は、まるで教誨師《きょうかいし》のようでもある。客が必要とする時だけ、客との会話に絡む技術は、時に辟易《へきえき》するくらい饒舌な職業の方に見習ってほしいくらいである。若い人は若い人なりに、年齢を重ねた人はそれなりに、会話の内容が違うのも、酒の「年齢」の違いと同じで、どちらもおいしいのである。

塩尻に住んでいた5年間は、夜の松本にはほとんど行くことはなかった。前著にも書いたが、塩尻市の職員である以上、飲食は徹底的に塩尻市内で、と決めていたからである。しかし、塩尻市役所を退職して、松本大学で教鞭を執るようになり、松本駅前に大学が用意してくれたホテルに泊まるようになると、松本の夜が楽しみになった。それは、バーのまちと知ったからである。まだデビューしたてであるが、これから少しずつ店を訪ね、開拓していこうと思っている。

ジャズと言えば、塩尻の近くには面白い店がいっぱいある。松川村図書館の近くには、超高価な音響機器を備えたジャズ喫茶店がある。オーナーは県の職員だったらしい。開店早々に訪ねたが、客のだれもが極上のスピーカーから流れる絶品の演奏に静かに耳を傾けていて、オーナーと話をするつもりで行ったものの、会話すらできず、大人しく帰ってきてしまった。確かに、それくらい素晴らしい音だった。

上伊那郡箕輪町には、オーナーが高校の先生を辞めて始めたジャズ喫茶がある。このオーナーには、図書館で行った最初のジャズコンサートでLPレコードの展示など、協力していただいた。やはり、長野というか、信州人はどこか違うな、と感じる。ジャズ好きが高じて店を開くというのは、趣味人究極の道である。

塩尻の図書館では、2012年も7月7日に、図書館でジャズコンサートを行った。私はあいにく東京国際ブックフェアの分科会でパネラーを務めていたため、聴きに行くことはできなかったが、初めてやった昨年同様、絵本とのコラボレーションという、いかにも図書館的な仕掛けを参加者の皆さんに楽しんでいただけたようである。

塩尻市に在職中に叶わなかったがことがある。それは、図書館職員によるコンサートだった。もちろん、私はドラム。ほかには、キーボード、ギター、ベース、サックスなど、その巧拙は知らないが、楽器を演奏する職員はそれなりにいたので、バンド演奏は可能だった。図書館がある市民交流センターで最も稼働率が高いのはドラムセットが置かれた音楽ルーム。演奏を楽しむ老若男女でいつも賑やかである。やはり、楽器は皆で楽しむのが一番である。私が大学病院に入院中、医師や看護師等による七夕コンサートがあった。図書館記念日（4月30日）は図書館職員によるライブの日なんて、カッコいいと思う。

小谷野敦『文学賞の光と影』（青土社　2012年）

2008年6月、某文学賞事務局から封書が届いた。封書の中身は、拙稿が最終選考候補作に残ったとの報せ。最終審査の結果は、○月○日の○時から○時の間に電話で通知するので、かならず受信できる状態でいてほしいとあり、世間の注目を集める有名文学賞の受賞の知らせと同じなのである。これには嬉しくなってしまった。

文学賞と名のつくものに応募したのは今回が2度目。初めての応募は20年以上前で、何の連絡もないままボツ。400字詰め原稿用紙70枚程度の短編で、今思うと、文章も構成もデタラメ。落選は当然の結果であったが、2度目の今回は、書き上げたときに、「もしかして、いけるかも」と感じた自信作だった。

発表当日は勤務日。携帯電話を机上に置き、普段は受信音を切ってあるが、この時ばかりはマナーモードを解除。瞬時に電話に出られるように待機した。密かに練習していた「はい、内野です。ああそうですか。ありがとうございます」という、抑揚のない感情を殺した、受賞第一声を何度も暗唱していた。こんな時、あまりに嬉しくて声がひっくり返り、「ありがとうございます。頑張ります」などと、見えない相手に何度も頭を下げ、何を頑張るのかわからない突拍子もない意味不明のリアクションだけは避けなくては、と必死に身構えていた。

私の前の席に座る部下にだけは事情を話し、もしも私が仕事で通話中に、携帯電話の受信音がしたら、代わりに、訳を言って出てほしい、とお願いし、静かに電話を待った。

約束の最終時刻の数分前、携帯電話の受信音が鳴った。勤務時間中なので音は小さくしてあったものの、何も知らない部下たちは、その音に敏感に反応し、私の方を一斉に見た。「ついに来たか。文学賞なんて、ちょろいものだ」と、携帯電話に耳を当てると、聞き覚えのある声。前の職場の同僚からだった。相手の言葉を即座に封じ、「今、取り込み中だから」と電話を切り、再び緊張モードに戻った。前の席の部下も固唾《かたず》をのんで受信音が鳴るのを待っていた。

しかし、電話は来なかった。「館長、残念でした。でも、すごいじゃないですか。最終選考に残ったなんて。来年は必ず取れますよ」と、前の席の部下から声をかけられて、夢のような時間から解放された。これ以降、作品は書いていないが、小説は趣味の読書として楽しんでいる。

私は、単行本よりも、文芸雑誌をつまみ食い（読み）する方が好きだ。一冊まるごと読むことはない。好きな作家の作品を読んだり、特集に魅かれ、初めての作家に出会ったりと、単行本とは違う小説の楽しみ方がある。

しかし、『三田文学』などの準商業的なものや、大衆小説誌も含め、文芸雑誌の売り上げは厳しい時代を迎えている。図書館でも、特に純文学系の文芸誌を置いているところは僅少で、書店でも田舎になると、目にすることすらできない窮状にある。

利用が少ない（ほとんどない）という理由から、特に純文学系の文芸誌を収集しない図書館が多いが、保存という観点から、広域連携で分担収集すべきだと思う。文芸誌は発行部数も少なく、バックナンバーも入手困難なものが少なくない。純文学に限らず、大衆小説も、のちに単行本として読むことのできない作品も多く、図書館がセーフティネットになってほしいものである。

私が2012年3月まで図書館長を務めていた長野県内の図書館では、五大文芸誌と言われる、新潮社の『新潮』は9館、河出書房新社の季刊誌『文藝』は4館、文藝春秋の『文學界』は7館、講談社の『群像』は10館しか所蔵していない。集英社の『すばる』にいたっては、安曇野市の1館のみである（本稿執筆時点）。

文芸誌と言えば、小説だけではない。短歌や俳句の商業雑誌も出版されているが、同人誌はそれを凌駕し相当な数に上る。塩尻市は、短歌の里として、全国的にも珍しい公営の短歌館を運営している。毎年行われる短歌フォーラムには、全国から愛好者が集まる市にとって一大イベントであり、図書館にとっても、短歌はブランド資料である。主に市民有志で組織されている「塩尻文芸の会」の季刊誌『文芸しおじり』は、通巻で154号（2012年7月時点）を数え、毎号、会員の短歌を中心に、俳句、随筆等が誌面を飾る。会員は100人以上を有し、私はその末席を汚している。

図書館員に文学好きは多い。しかし、文芸誌を読んでいるという図書館員に出会うことは稀である。図書館員の仕事として、全て読まなくても、逐次入ってくる文芸誌を手に取る習慣はつけてほしいものである。

佐高信『変わり者が日本を救う』

（光文社　2002年）

281

前著の腰巻の文章は、序文を寄稿してくれた秋本敏氏の文章を抜粋したもので、その惹句が印象的だった、という感想を何人もの方から聞いた。称される側の私としては恥ずかしい表現であったが、秋本氏としては満足の文章であったらしい。

腰巻の文章は、「茨城・鹿嶋市役所で将来を嘱望される中枢的な部署をけっとばし、自らの希望で図書館に異動した「変わり者」の著者が、新天地塩尻市に舞い降りた。新塩尻市立図書館づくりに全人生をかけた新人館長のユーモアとウイットにあふれるエッセイ」と書かれている。

「舞い降りた」とは、以前、私は人間以外の動物に例えたら、鷲や鷹などの「猛禽類《もうきん》」かもしれない、と答えたことを氏が思い出して使った表現かもしれない。

「変わり者」とは、人から言われる場合は、多くの場合、揶揄《やゆ》される意味を含んでいることが多い。しかし、辞書によれば、変わり者とは「性質や言動などが、一般の人と違っている人。変人。奇人」とある。まさにその通りで、一般の人と違っていなければ、伝記などに残されることはない。であれば、「変わり者」とは、身に余る極上の言葉をいただいたことになる。

小学生の頃に最も読んだのは伝記だった。伝記を読んで痛感したのは、みんな「変わり者」であるということ。2000年から2005年にかけて、NHK総合テレビのドキュメンタリー番組として放送された『プロジェクトX～挑戦者たち～』は、歴史を変えた稀代の変わり者達のストーリーだった。

図書館で個人伝記というと、289という請求番号の本になるが、広く人物伝となれば、図書館のあらゆる棚に本は並んでいる。伝記とは「個人の生涯にわたる行動や業績を叙述したもの」であるので、基本的には故人について書かれたものである。物故者も含めて、図書館では膨大な「変わり者」の人生にあちこちの棚で出会うことができる。

これまで、膨大な数の「人」が書かれてきたが、図書館関係者以外の作家が図書館人について書いたものは僅少である。しかも、図書館関係ではない本に、図書館人が書かれているというものを、私は本著以外に知らない。

本著は、土門拳（写真家）、久野収（ジャーナリスト）、本田宗一郎（本田技研創業者）、井深大（ソニー創業者）など、日本を代表する「変わり者」を簡潔に紹介しているものである。この中に、一人の図書館人が紹介されている。それは、元埼玉県鶴ヶ島市立中央図書館長を務めた若園義彦氏である。若園氏は、埼玉県の富士見市教育委員会の社会教育課長から、鶴ヶ島市が公募した図書館長に応募し採用された人で、斯界《しかい》にその名を知られた館長である（本著が出版された当時は現職の館長）。

タイトルからして、図書館員向けに書かれた本ではなく、多くの著名人に交じって、現職の図書館長が「変わり者」として取り上げられたことは、極めて稀有《けう》なことである。出版された当時、私は本著の存在を知らず、埼玉県在住の元図書館員から本著のことを教えられ、2012年に購入したものである。

役所の中でも、図書館や博物館などは「変わり者」が多い。本庁から見たら困った職員というレッテルを貼られている輩である。何が困っているかと言うと、役所の論理よりも、市民の利益を優先する言動をとるからである。自治体職員として極めて当然のことなのであるが、なぜか役所は市民の側に立った言動をとると嫌われるから不思議である。

木村衣有子『手紙手帖』

（祥伝社　2005年）

816

最近、励行していることがある。非常に気持ちがいいので、癖になりそうである。それは、早朝の手紙書きである。前著にも書いたが、私は便箋に万年筆が手紙の基本。下書きはせず、便箋に書き始める。推敲しながら書くわけではないので、文章は稚拙なものになる。受け取った相手は「下手な文章だな」と思われるかもしれないが、私に届く手書きの文章も似たり寄ったりで、印刷物では精緻な文章を書く人でも、別人のような文章である。実は作家が書いた直筆の手紙も、あの文豪の文章かと疑うほどの文章であることも少なくない。だから、私はパソコンで書いた手紙は嫌いである。熱い思いの丈を伝えるラブレターならば、何度も推敲し書き直しも必要だろうが、季節の挨拶などに構えなど必要ない。思い出せない漢字はひらがなでいい。その方がずっと味がある。文字から文章から人間が垣間見える方がずっと楽しい。

朝食前に手紙を書き終え、ポストに手紙を投函する。一日が始まる前に、一日多くもらったようで得した気分になる。

先日、図書館界にその名を知られる有名な図書館長から手紙をいただいた。私の勤務する大学の先生から、私の住所を知りたがっている人がいるので教えてもいいか、と聞かれていたので、手紙が届くことは事前にわかっていた。

やはり、予想どおり、その人も直筆の手紙だった。本よりも人が好きな図書館員は、自分を隠さないので、私のところに届く手紙はみんな直筆である。

手紙の内容は、私の病後の気遣い、ご自身の近況、そして、何よりも嬉しかったのは、前著の感想として「わが意を得たり」と評価してくれたことだった。同様の言葉は何人もの図書館員からいただいてはいたが、みんな身内というか仲間であり、全く付き合いのない人、しかも斯界《しかい》の重鎮からの言葉に、多いに鼓舞された。

もしも、この手紙がパソコンで書かれたものだったとしたら、どうであっただろう。きっと、ここまでの感動はなかったに違いない。

私が5年間、館長を務めていた塩尻市の古田晁記念館には、昭和の文壇に綺羅星のごとく輝く巨星たちから古田晁に送られた手紙が数多くコレクションされている。盟友、臼井吉見や唐木順三からの手紙を始め、草野心平、井伏鱒二、川端康成、武者小路実篤、島崎藤村、谷崎潤一郎など、書いた人の人となりが活写されたような文字、文章である。

戯言として読んでほしいが、私は手紙を書いて、その相手から手紙も電話も、要は何の返信もない場合は、二度と手紙は書かないことにしている。手紙とは、近況であれ、悩みであれ、自慢であれ、告白である。しかも、この相手ならば、と決めて送るものである。何十人と同じ文章を書いて送れるメールとは違うのである。受取人は選ばれた人なのである。いくら勝手に相手が送りつけたものであるとは言え、それはお中元やお歳暮の品と一緒で、受領したことすら相手に伝えないのは極めて失礼だと思う。だから、私は、こちらから「大変失礼しました」と「手紙縁」を切るのである。本当なら縁を切りたいくらいだが、友だちがいなくなりそうで怖いので、ここで抑えている。

本著は、類書が多く出ている中で、構成も装丁もすごくいい本である。御託を並べる類書が多い中、手紙という世界が楽しめる編集である。

市役所を退職してから、何回か事務的な文書が市役所から送られてきた。当たり前のことであるが、そこには、近況を尋ねるような文章が書かれた一筆箋は同封されていない。

「ついこの間まで同僚だったのに、もうこんな他人の扱いなのかい」というのが手紙好きの感想である。せめて「その後、いかがお過ごしですか」「こちらは桜が咲きました」など、手書きの一筆箋があったたら、受け取った方は、どれだけ温かい気持ちになるだろうか。

手紙好きは、こういうことを普通にやるので、ちょっとした気配りは当たり前の行為なのであるが、そうでない人にとって、そのようなことは面倒なことに違いないし、面倒以前に気づいていないかもしれない。だから、手紙好きは扱いくい相手なのである。

全て印刷で、手書きの文字が一切ない年賀状がある。印刷された作品がオリジナルな写真やイラストなら、一枚のアートとして、言葉はいらないが、印刷会社でサンプル原稿とイラストを選んで印刷しただけの年賀状には、せめて、一言「お元気ですか」とか、「○○に最近凝っています」くらいの近況は添えてほしいものである。

役所から講演会や研修会の礼状が届く。美辞麗句が並べられ、差出人には一番偉い人の名前が書いてある。名前までパソコンで書かれたものが多い。礼状の氏名は署名が礼儀であることを知らないのであろうか。

図書館ならば、館長さんの手書きの手紙か、せめて署名入りの礼状を出すくらいの気配りというか礼儀をみせてほしいものである。そういう本を置いている場所なのだから。

加藤周一『読書術』

（岩波書店　1993年）

019

前著を出版したことで、読者から「講演をお願いしたい」という依頼がたまに舞い込むようになった。出版して1カ月余、最初の依頼は小学校の校長先生からだった。もっとも裏話を披露してしまえば、そこは妻が勤務する小学校。部下の配偶者が本を出したのなら、ということもあると思うが、拙著を読んでくれた校長先生は、話せば相当の文学好き。教職員研修として「読書のすすめ方」を講じてほしいとの中身だった。

あえて、「すすめ方」という受け止め方をしたかと言えば、「進め方」もあれば「勧め方」「薦め方」もあるからで、広い意味で「読書」の話がしたかったからである。

前著が出版されて2～3週間経った頃、拙著の情報がネット書店にほぼ出そろった。検索エンジンに拙著を入力すれば、アマゾン、TSUTAYAなどのネット書店に拙著の情報がずらっと並んだ。ジャンルとしては、読書法や読書論に入っているものが多く、前著で「拙著は読書論ではない」と著者が言い切っているにも拘わらず、読書法（論）という扱いは不思議である。

しかし、読まれ方は自由であり、「図書館概論」「図書館経営論」「エッセイ」「自己啓発本」など、いろいろな解釈が私の元に届いている。元々、ジャンルを固定化したくなかったので、狙いどおりではあるのだが、やはり「読書論」だけは想定外だった。

「読書」ということを総論で講じられるほどの識見は持ち合わせていないが、自分が本とどう親しんできたか、そして、図書館員として本とどう付き合ってきたかについては、商売道具として多少のメニューは持っている。この日は、前著に書いた亀井勝一郎の「読書七則」の紹介や、読書を無理に勧めてはいけない、様々な工夫で扉の前まで誘ってほしい、などと話をした。

拙著がネット書店に並ぶようになって、以前に増してネット書店を覗くようになった。拙著は売れているのだろうか、いったいどんな本が人気があるのか、気になって仕方がない。背中が全て隠れるような大きなランドセルを背負って登校する小学校入学早々のわが子を毎日見送る気分である。

そこで、意外なことに気が付いた。読書法の上位を占める「速読法」の多さだった。玉石混淆《ぎょくせきこんこう》はあろうが、世の中に、これほど「速読」の技術を求めている人がいるのかと、あらためて自分自身の勉強不足を恥じた。確かに、図書館でもたくさんの速読に関する本は所蔵しているが、私は全く読んだことがない。理由は簡単である。速読したくないからである。大枚をはたいて買った本を速読なんてもったいないし、もともと読書は急いでするものとは思っていない。

もちろん、速読自体を否定するものではない。速読は、その必要がある人が学べばいいことであって、速読自体は押し付けられるものではない。私自身も必要となれば学ぶ技術かもしれない。

しかし、目下のところ、私は典型的な「遅読派」である。私の読書は大別すれば二つある。仕事としての読書と、娯楽としての読書である。

仕事としての読書とは、図書館情報学関係の本や論文を読むこと。一方、娯楽としての読書とは、まさに好きな本を、のんびりと読むことである。前者は、基本的には姿勢を正し、電子辞書、ノート、ペン、付箋を用意し、一行一行、細かく読み進めるもので速読などできない。研究論文や著作に使えそうな記述が出てきたら、すかさず付箋を付け、ノートに書き込むという読書法である。後者は、本の内容によっても違うが、寝そべって読むこともあれば、数冊を用意し、代わる代わる読んだりもする。しかし、こちらも電子辞書、ノート、ペン、付箋は必須アイテム。私は読めない漢字、意味の分からない単語が出てきたら、辞書で確認しない限り先に進めないのである。また、拙著のような本を書いていると、娯楽のはずだった読書が、「これは何かに使える」と思うと、いきなり仕事モードに変わることがあって、ノートや付箋の登場となる。

娯楽の読書は、気に入ったフレーズや使えそうなデータが出てきたら逐一記録する「読書ノート」なるものに何度も挑戦したが、続いたためしがない。年頭所感にその旨を書いても、1月も10日過ぎには止めてしまうのが常である。要は面倒くさいからであるが、後になって何かに使おうと思い、気になったフレーズを探しあぐねることもしばしばある。

誰がどんな言葉に感銘したかというのは別にして、箴言《しんげん》集のような選りすぐられた偉人の名言・格言が収められたものは、なぜかあまり読む気にならない。娯楽の読書の楽しみは、こういう箴言に出会う旅でもあるのだが、苦労もせずに、目の前に「どうぞ」と言われても食べる気にもならない。やはり、言葉を探す旅は多少の時間と辛抱があって見つけてこそ、感動も大きいのではないか。

谷内六郎ほか『谷内六郎 昭和の想い出』

（新潮社　2006年）

私が現職の図書館員だった頃、小さな子どもと言葉を交わすときは、必ず膝を折って、出来るだけ同じ目線の高さで話すように努めた。これを自ら励行させたのは谷内六郎の本を読んでからである。

谷内六郎は、ご存知の方も多いと思うが、若い読者はわからないと思うので、ちょっとだけ紹介したい。彼は1956年に創刊された『週刊新潮』の表紙を、亡くなるまでの25年間、描き続けた画家である。昔、発売日前後に子どもの声で「週刊新潮は明日、発売されます」「週刊新潮は本日、発売です」というCMが流れていて、彼の表紙画と童謡「赤とんぼ」や「村まつり」の曲と相まって、昭和の原風景として多くの日本人に焼き付いているのではないだろうか。

谷内氏の作品には必ず子どもが描かれている。自分の子どもが小さかった頃、その子を抱いて絵筆を握っていたほどであるから、相当、子煩悩であったらしい。谷内氏の描く子どもは、正面でなく、背面から描かれていることが多い。要は表情が見えないのであるが、不思議と表情を思い描けるのである。

谷内氏と同じく、作品の中に必ず子どもを描く画家に諏訪市出身の原田泰治がいる。原田氏が描く人物は老若男女、全て顔は輪郭だけで、目や鼻や口は一切描かれていない。こちらは、1982年から朝日新聞日曜版に「原田泰治の世界展」が127週にわたり連載された。二人に共通するのは、風景に人物を配したナイーブアートである。谷内氏は時に幻想的な風景を、原田氏は常に実際の風景を描くことでは対照的ではあるが、限りなく日本の風景にこだわっているところは共通している。

図書館で、絵画を貸し出すところがある。資料としては、本物よりも複製画の場合が多い。新しいサービスとして敷衍《ふえん》するかとも思われたが、それほど浸透はしていないようである。塩尻でも、寄贈された作品(主に油絵)を図書館資料に登録し、貸し出しできないかと検討したこともあったが、実現はしなかった。最大のネックは、作品の管理の難しさである。返却されるたびにルーペで細かな傷の有無を確認することは大変な作業であるし、仮に利用者に何らかの瑕疵《かし》が認められた場合、どうやって補填してもらうのかなど、整理がつかなかったことによる。

図書館に絵画などの美術品を寄贈したい、というのはよく聞く話である。購入したものもあれば、自分で描いた（作った）作品もある。館内に美術作品を飾る（置く）ことは悪いことではないが、一定のルールを作らずに無秩序に収集し始めると、館内の美しさを損なうことにもなりかねない。

また、図書館には、まとまった冊数の個人または機関の蔵書をいただくことが多い。図書館めぐりをしていると、○○氏蔵書と、本が書架ごと別置されているために、寄贈者の厚志を顕彰するのが目的となってしまい、肝心の本が利用されにくい状態になっているのを散見する、と前著に書いた。本は○○氏が所蔵していたから価値があるのではなく、その本を書いた人に価値を見出すものである。特に学校図書館に、かつての校長先生などからの寄贈本が別置されているのを見ると、この棚は、子どもたちに何を伝えようとしているのか疑問を覚える。学校図書館は何を目的に、誰のためにつくられているのか、時に勇気をもって、書架を見直すことが必要である。学校司書の皆さんは一人で悩んでいる場合が多い。ぜひ、先生も一緒になって学校全体で図書館のことを考えてほしいものである。

ミシェル・ヌードセン（作）／ケビン・ホークス（絵）
『としょかんライオン』

絵本
（岩崎書店　2007年）

「館内は走らないようにしてください。図書館員が忙しそうに走り回っていたら、利用者さんは何か聞きたいことがあっても、遠慮して声をかけることができませんから」と、塩尻の図書館館長時代に職員に対して何度言ったことだろう。

とにかく、ゆっくり歩いている職員がいない。返本作業ですら早歩きである。レファレンスでも受けようものなら、該当する資料目がけて一目散という職員もいた。相談した利用者にとってみれば、ゆっくり歩いて書架に向かうより、速足で向かってくれる方が印象はいいが、他の利用者のことを考えると好ましくない。

「ちょっと、いいですか」と、図書館員を呼び止め尋ねたところ、「今、ちょっと取り込んでおりますので、お待ちいただけますか。係の者を呼んでまいりますので」というのはいただけない。要は、声をかけられた職員が、すぐに対応できないことは仕方のないこと。しかし、その理由を言う必要ない。速やかに利用者の応対ができるよう努めればいいのである。忙しいところに声をかけてしまった、と利用者は萎縮してしまうからである。

アリゾナ州の図書館を訪ねたとき感じたのは、とにかく職員はゆっくり館内を歩いていたことである。ゆっくり歩くというのは、周囲に目を配りながら歩くということで、ルール違反者はいないか、何か困っている人はいないか、利用者の行動が容易に視界に入ってくる。また、不思議と子どもの利用者であっても、走り回っている姿をついぞ見ることはなかった。

図書館で一番うるさいのは図書館員だ、とはよく聞くことである。説明の声が大きい、電話の声が大きい、図書館員同士の会話の声が大きい、個人情報が大丈夫か、と図書館めぐりをしていて痛感することが度々ある。

最近は少なくなったが、以前はカウンターの職員がベラベラ喋っている光景は決して珍しくなかった。事務室でとればいい電話をカウンターでとってしまい、館内中響く声で、極めて役所的な話のやり取りを聞かされると辟易したものだ。

図書館めぐりをしていて、いまだ一度も経験したことがないのが、‘May I Help you’

との声掛けである。デパートなどで、時にしつこいくらいに、よく尋ねられるアレである。私自身が迷っているように見えないのか、強面で声がかけにくいのかはわからないが、私以外の人が声をかけられているのを見る機会も少ないので、これも図書館特有の世界なのであろう。

私が現職の図書館員の頃は、書架や蔵書検索機のパソコンの前で悩んでいるように見えた人には、「おわかりになりますか」と、必ず声をかけていた。二人に一人は、救われたかのように「ちょっといいですか」との答えが返ってきた。相当な確率である。

私は、かなりのヘビーユーザーでもなければ、図書館で本を探すことは無理だと思っている。特に探している本と関連する本となったら、図書館員に聞かない限り、探すのは無理だと思う。だから、声をかけていたのである。

声をかければ、利用者が本命として探していた本自体が、本命でないことがわかる場合も度々ある。また、簡単な読書相談のようなものは、図書館員との「ついで」の会話でもないと恥ずかしくて聞けないことが多い。

小説の棚で「と」の頭文字の作家を探している人がいた。一回は通り過ごしたが、書架の前にいる時間が長いので声をかけたところ、「東野圭吾」を「とうのけいご」と読むものと勘違いをしていた。こんな例は日常茶飯事で、声をかけなければ、全て貸出中として、帰ってしまうことだってあるのである。図書館員に聞いてみよう、ましてや、カウンターに行って聞いてみようと行動する人は本当に少ないのである。

とにかく、図書館員は頻繁に利用者には声をかけてほしい。また、利用者は、遠慮なく図書館員に聞いてほしいのである。

本著は、図書館員ならば、誰もが知っている有名な絵本である。読んで知ってはいたが、塩尻の図書館を退職するに際して、部下の一人からプレゼントされた。「館長は動物に例えたらライオンです」とのメッセージカードも添えられていた。

図書館のルールを通して、ルール以上に大切なものは何かを教えてくれる作品である。「としょかん」とタイトルについているので、つい図書館員は手にしたくなる絵本であるが、ライオンを主人公にして、ルールの大切さや、ルールのあり方を説くところが、いかにもアメリカ的である。

部下が私をライオンと称したのは、本著に出てくる優しいライオンをもじったのか、それとも、厳しい躾で知られるライオンをもじったのか、はたまた容姿のイメージかは定かではないが、初めて例えられた動物であった。

『メルセデス・ベンツの作り方』

（TOKIMEKIパブリッシング　2004年）

537

数多く好きなクルマに乗るには、よほどの収入がない限り新車は諦めなければならない。私にとっては、めったに買えない新車であるが、日産の初代カリブは、リアスタイルのアシンメトリー（非対称）が気に入って新車で購入した珍しい一台である。通常、クルマはフロントもリアも左右のデザインが同じであるのだが、このカリブは、ナンバープレートを中央に置かないという当時としては画期的なデザインだった。四輪駆動に関心があるわけでもなく、動力性能に惚れたわけでもなく、ただアシンメトリーのリアスタイルが気に入っただけの理由で買ったクルマである。

購入に際し「こんなお客様は初めてだ」と言われた。何がディーラーを困らせたかというと、「標準装備のパワーステアリングを外してくれ」という私の注文であった。「却ってお金がかかりますよ」との営業のいぶかしがる言葉に、「ステアリングは重いからこそ運転が面白いのだ」との一点張りで、余計なお金をかけて外してもらった。多分、前代未聞の注文だったたであろう。

今ではすっかりパワーステアリングに慣れてしまったが、それでも、手のひらで軽々回せるステアリングは大嫌いで、それができないステアリングが気に入り、ＢＭＷミニクーパーに乗っている次第である。

クルマの進化は好ましいことだが、運転が楽しくなくなってきていることが気になる。私のミニクーパーはマニュアルシフトであるが、最近はオートマしかないクルマが増えてきているのが困る。

さらに困っているのがナビである。これは絶対いらない。クルマを運転するのに、右だ左だ、ここで高速を降りろだ、と機械に指図されたくはない。便利なツールであることは否定しないが、「断固として使いたくない機器」である。これが標準となると、かつてのカリブのように、金を払うから取ってくれと言わざるを得ない。

リアスタイルに話は戻る。私のクルマ選びの第一条件はスタイルである。しかもリアスタイルである。フロントはあまり気にしない。なぜならば、フロントスタイルは、前を走るクルマのルームミラーに映るだけだからである。しかし、リアスタイルは違う。後続車にずっと見られているからである。要はお尻である。このお尻が魅力的かどうかが決め手である。

「水中メガネ」と言われた初代ホンダZ。リアエンジンを美しい曲線でカバーしたフォルクスワーゲンタイプ1（ビートル）。無骨だが、どこか温かみを感じるボルボ240GLワゴン、唯一無二のデカ尻のホンダCR-Xデルソルなど、私の乗ってきたクルマは、お尻が全てである。

日本車のデザインはなぜかフロント重視で、リアはどうでもいいと言わんばかりのクルマが多い。コンビネーションランプのデザインも最悪で嘆息せざるを得ない。それに比べ欧州車のリアは美しい。後続車に見られることを意識したかのようにバランスがとれている。たまに駄作もあるが、特にメルセデス・ベンツのリアスタルは秀逸である。

100メートル先からも車名がわかる巨大なお尻のフェラーリ。見ているだけで幸せになる小さなお尻の旧ミニ。トタン板のような扁平尻のシトロエン2CVなど、偶然に後続について、しばらく後ろを走れたら、一日中、幸せな気分になれる。

いまだに後続についたことのない憧れのお尻は、初代メルセデス・ベンツ300SLである。頬ずりしたくなるような美しい曲線は他に例を見ない。尖った部分が全くないそのカーブは、まさに疾走するオブジェである。

この300SL以降、思い出したら眠れなくなるようなお尻に出会えてなかったが、先日、ついに見てしまったのである。それは、メガーヌ・ルノー・スポール。路上で初めて見るメガーヌ・スポールのリアスタイルの美しさは言葉を失うほど。国道20号で、私の車の横を追い越して行ったほんの数秒であったが、低くワイドなほれぼれする姿だった。

図書館の自動車関係の棚は、メカニック、運転技術、クルマの買い方、自動車メーカーの歴史、メンテナンス、カーデザインなど、その範囲は広く、図書館の選書の傾向がズバリわかる。

図書館に行かずして、インターネットの蔵書検索で、ほんの数冊のタイトルを見れば、その図書館のクルマへのこだわりが伝わる、図書館員にとって、お尻を見られる危険な棚の一つである。

谷村志穂ほか『靴に恋して』

（ソニーマガジンズ　2004年）

「このK-SWISSの靴、何年履いているの」と子どもに聞かれた。靴が少し破れていたからだろう。瞬間接着剤で補強したのだが、また破れてしまったらしい。

「かれこれ5年以上は履いているね。お気に入りだし、直せばまだ履けるから」と私は答えた。

3人の子どもの成長は靴でわかる。成長期は、ほとんど傷まないのに、すぐにサイズの大きな靴を買わなければならなかった。また、サイズが落ち着いたかと思うと、今度は、こんなに何足ものスニーカーが必要なのか、といぶかしがるほど、コレクションのように集め始めた。Adidas, NIKE, PUMA, CONVERSEなど、色鮮やかなスニーカーが玄関を、靴箱を占めるようになった。しばらく履いた様子のない靴は、「もう履かない」と捨てられることもしばしば。サイズが落ち着けば、普段履く靴は2足あれば十分というのが持論。それほど靴は消耗なんてしないのである。ファッションではなく、実用として考えれば、10足、20足なんて、靴を飾るだけに過ぎない。

しかし、一方、ビジネス用の革靴は毎日交換して履くものとしてきた。だから、常に4、5足は持っていたし、リーガル好きの私は、こまめに靴を磨き、大事にしてきた。大事にすればリーガルは10年なんて平気で持つのである。

今の若者はスニーカーをコレクションにしているらしい。ヴィンテージのスニーカーのプレミアム価格に驚かされることもしばしば。私にはとても理解できない世界である。ところが、生来のコレクション好きの私にとって、女性の履くハイヒールにはコレクター魂がうずく。靴は元来、足を保護し、歩行を助けるものである。しかし、ハイヒールは違う。形状からして履きやすいはずはないし、あきらかに脚のラインを美しくみせるための靴である。皮という素材を最大限に生かし、これでもかというカーブを描き、一カ所も直線、平面のないハイヒールの造形美は、コレクションせずにいられないくらい愛おしいのである。特に踵《かかと》を包む丸くカーブした箇所は、まさしく女性の臀部そのもの。最高に美しいカーブであると思う。

しかし、さすがに、履きもしないハイヒールを集めるというのは気が引ける。せめて、妻が履くというのなら、せっせとプレゼントもしようが、仕事柄、ハイヒールはほとんど不要の妻の靴は常にパンプス系。わが家の靴箱には一足のハイヒールもない。

外国に行くと、ハイヒールのミニチュアを店で見かけることがある。皮製だったり、陶器であったり、さすがに家に入るときに靴を脱がない文化の諸国は、靴のミニチュアもコレクションの対象になるらしい。

数年前、ペプシのおまけにアディダスのボトルキャップが付いていたことがあった。37モデル、全60種類というのは、あとになってインターネットで知った。あまりに精巧なので、キャップ欲しさに、ペプシを数ダース購入してしまった。付いてきたおまけは封を開けずにずっととっておいたが、塩尻から引っ越す際、図書館職員に、何かのイベントに使えれば、とあげてしまった。確か、50個ぐらいあっただろうか。

ボトルキャップは様々なものがある。集め始めたらきりがないが、おまけであるので収集に散財はしない。図書館の書架にさりげなく、関連する商品のボトルキャップがあったら素敵だろうな、と思って集めてもいた。映画関連の書籍のそばに、スターウォーズのボトルキャップを並べるなんて、ちょっと粋な図書館員の仕事に思うのである。

重松清『その日のまえに』（文藝春秋　2005年）

「その日」は、2012年3月30日（金）。5年間奉職した塩尻市役所の退職の日だった。前年の2月に勧奨退職願いを出していたので、この1年余は、部下に退職のことを隠して勤務していたので、後ろめたい気持ちが払拭できなかった。

当日、市長と退職者の食事会があったが辞退させてもらった。5年前に鹿嶋市役所を退職した際も食事会は辞退した。辞退はずっと前から決めていた。なぜならば、最後の食事会で嫌な思いをしたくなかったからである。鹿嶋市役所の人事課時代、私はこの食事会の写真撮影を度々担当した。何十年と地方自治体に仕えてきた先輩たちは、退職の日を迎え、安堵の表情が全身から溢れていた。近寄るのも怖かった先輩が相好を崩して喋りかけてきたり、白い割烹着姿しか見たことのなかった給食センターの調理員さんが、美しく化粧をして別人のようになっていたりと、「その日」は特別な日であった。だれもが、万感の思いを胸に秘め、市長との食事会に臨んだはずである。出先機関などでは、めったに市長と会うこともないので、市職員に採用されて、初めて市長と食事をする人も多かったはずである。

私の思い過ごしかもしれないが、この最後の日において、本庁の部課長は親しく市長と話をするも、学校の用務員さん、給食調理員さん、幼稚園や保育園の先生などは、どこか居づらそうにしているのを、ファインダー越しに私は見ていたのである。確かに、在職中、市長の側近として何度も窮地を乗り越えてきた戦友の部課長と、市長に当選してから一度も話したことのない職員とでは、市長の思いも違うのは当然であるが、せめて退職の日くらい、退職辞令が出て、お互い肩書きのない身分になり参加しているのだから、在職中の役職を感じさせない雰囲気で食事を楽しめたら、という思いがあった。だから、自分が退職の日を迎えた際は、食事会には出ない、と決めたのである。

塩尻市役所退職の日の夕方、図書館員全員にお別れを告げた。そして、思いもよらぬプレゼントをいただいた。本館の職員（近年の退職者も含む）からは、一人1枚、A4のオリジナル専用用紙の表面は「内野館長との一番印象に残っていること」など9項目への回答、裏面は自由創作という、手の込んだアルバムをいただいた。なかには、「館長双六」なるものもあり、塩尻編と題して、私の5年間を人生ゲームのように仕上げた傑作もあった。分館からも、各分館1シート両面を使った素晴らしいアルバムをいただいた。私が職員を見ていた以上に、職員は私をもっと見ていたのだ、ということがアルバムから教えられた。特に八つの分館には、もっと足しげく訪ねるべきだったと反省させられた。

また、退職前の数日間は、お世話になった市民の方々と懇親を深め、たくさんの思い出の品をいただいた。中にはわざわざ訪ねてきてくれる市民もいた。塩尻を発つ日のミニクーパーの車内は、色鮮やかな手提げの紙袋が荷室、後席、助手席を占め、愛車も初めての経験に、たいそう嬉しそうだった。

私は「その日」を設定するのが好きだ。日記に毎年記す年頭所感には、一つや二つの「その日」を必ず書く。例えば、これまでだと、大学院修了、研究論文投稿、○○文学賞受賞、拙著出版、体重を10kg減量など、いろいろである。「その日」が来たものをあれば、「その日」が来なかったものもある。要は、学生でなくなり、自分を客観視できる通知表がなくなってしまったので、自分の一年の成長・学びを確認できるものとして「その日」を目標に決めるのである。もちろん、市役所退職の日のように、単年度でみれば目標ではないが、長い期間でみれば、定年退職ではないので、それも計画的な「その日」である。

私は子どもの成長をあまり日記に書かなかった。子どもの成長が最大の関心事になったら、自分の「その日」がなくなってしまうと感じたからである。

日記に記したものと、記していないものを合わせると、まだまだ未完の「その日」をたくさん抱えている。好奇心を枯渇させないことが、私の生きがいである。

図書館とは、好奇心の旺盛な人には、さらなる多種多様な好奇心の扉を用意し、好奇心の乏しい人には、わかりやすいサインで誘うサービスをするところであると思っている。「何かが見つかる場所」でなければならない、と。そのためには、職員は先回りをして、扉を設置したり、サインを設置したりしなければならない。それは司書にとって、図書館情報学の不断の学びであると思う。

本著は、部下に勧められて読んで落涙してしまった小説である。タイトルの『その日のまえに』とは、さすがに上手い、と唸ってしまった。最も寂しい別れは、愛する人との「死」を受け入れることだろう。しかし、「その日」は誰にでも訪れるものである。友人にも家族にも、そして自分自身にも。来てほしい「その日」と、絶対に来てほしくない「その日」。「その日」とはさまざまである。

内海隆一郎（原作）／谷口ジロー（絵）『欅の木』

（小学館　1999年）

2012年3月に塩尻市役所を退職した際、本館職員の部下31人に記念品として贈ったのが文庫版の本著である。大量に注文した書店の社長が「この本、私も大好きで、以前、棚に置いてみたのですが、なかなか売れなくてね」と洩らした。

塩尻の図書館に所蔵があるものとばかり思っていたが所蔵していなかった。こういう時、「あぁ、しまった」と思うのである。ほかの市町村立図書館はどうでもいい。私の場合、自分の勤める図書館には絶対になければいけない本というのがあったのである。もちろん、私の勝手なセレクトである。とは言え、そこは公共図書館、自分が入れたくても、公共図書館の蔵書としての適否もあるので、勿論、全て入れるわけにはいかない。わが家の書架に座っている私の自慢の本だからといって、それを自分が勤務する図書館に入れるわけにはいかないのであるが、そういう問題がなければ、その本が自分が勤める図書館にないことを知ると、恥ずかしくていられなかったのである。

本著は、私の大好きな内海隆一郎の原作をもとに、谷口ジローが描いたマンガの作品である。谷口ジローと言えば、関川夏央原作の『坊ちゃんの時代』を描いて、第2回手塚治虫文化賞マンガ大賞を受賞した作家であることから、本著も当たり前のように所蔵していると信じ切っていたわけである。

図書館の選書のポイントの一つは、「どうですか。うちにはちゃんと揃えてありますよ」と、「こんな田舎の図書館にあるはずがない」と決めてかかる相手の期待を裏切ること。または「ここには絶対に置いてあってほしい」と訪ねてくる相手の信頼に応える本を所蔵することである。「A」という本があれば「B」という本がなければならないというもの。しかし、これが意外と揃っていない図書館が多いのである。

単純な例だと、第1巻と第3巻があって第2巻がない、といった驚くべき実態があるのである。また、宮本輝の俗に「川三部作」と言われる『泥の河』『螢川』『道頓堀川』のように、書誌上に「川三部作」なんて記載はないので、宮本輝のファンでなければ知らないのも不思議ではないが、ファンにしてみたら、図書館の書棚に二冊見つけたが、もう一冊がない。蔵書検索機で調べてみたら、その一冊は閉架書庫にあった、となると、司書の感性が疑われることになるのである。典型的な読者と図書館のズレの一例である。

また、栗本薫の『グイン・サーガ』にように130巻もあると、途中の数巻を、ある利用者に貸し出したものの、延滞がずっと続いていて、読みたい読者が、たった数巻がないために、先に進めなくて立ち往生することがある。といって、予約者がいるからと、延滞している本の返却を待つことなく、すぐに欠巻分を購入して補充することはできない。延滞者に督促し、早期の返却をお願いするも、肝心の未返却本はいつになっても帰ってこない。その結果、予約者に呆れられて、図書館は信用を失うことになるなんてことは日常茶飯事である。予約者がいるからと、延滞資料が返却されるのを待たずにすぐに購入する図書館なんてほとんどないだろう。

図書館が特化して集める資料がある。卑近な例を挙げれば、鹿嶋市ならば、鹿島神宮、塚原卜伝、鹿島アントラーズに関するもの。塩尻市ならば、ワイン、漆器、短歌等に関するものである。いわゆる、地域資料、郷土資料と言われるものである。塩尻市では最近、松本山雅FCの資料を集め始めたようである。

どこのまちにも一つや二つの「特徴的な事物、事象、歴史」があるはずである。これを図書館が網羅的に収集しブランド化すれば、どこの図書館も、全国区自慢のコレクションが出来上がる。

私が鹿嶋の図書館に勤務していた頃、横浜からたまに来ていた若い女性がいた。聞けば、来館の目的は鹿島アントラーズの関連資料であった。１００㎞以上離れたまちから、電車とバスを乗り継いでまで鹿嶋に来てくれていたのである。この気持ちは私もよくわかる。研究論文を書くとなれば、たった一行の文章のために、東京都立中央図書館を訪ねたことがたびたびある。本来なら、一つの県内の公共図書館が、もっと資料の棲み分けをしてくれれば、東京まで足を運ばなくてもいいのであるが、同じような本、雑誌、新聞を各館がコレクションしているから、こういうことになるのである。

図書館が貸出というサービスに傾注するあまり、たった一冊の本が県内のどこにもない、などということが普通になってしまっている。一般的な個人住宅で保管できる本の数量は限られている。しかも、個人のコレクションはあくまでパブリックなものではない。公共図書館だからこそ、使命として遂行しなければならないことがある。公共図書館は貸出冊数で競い合うサービス機関ではない。出版物をストックするサービス機関であることを、図書館員はもっと真剣に考えるべきだと思う。

高山正也（編）『図書館経営論』

（樹村房　2002年）

013

塩尻の図書館に勤めていた頃、毎月一回の資料整理日（臨時休館日）に、八つの分館の代表者に本館に来てもらい、分館代表者会議というものを開催していた。この日は、本館職員会議が前段にあり、その後に、分館代表者会議を開いていた。

資料整理日は、朝会での挨拶に始まり、本館職員会議、そして分館代表者会議と、午前中に三回も「館長挨拶」なるものがあり、挨拶嫌いの私には憂鬱であった。

毎日の朝会は除いて、職員会議での挨拶の定番は、①利用状況、②県内外の図書館に関する動向、③利用者とのやりとりで特に重要なこと、の三点だった。①は、館長は仕事柄、細かく利用データに目を通すが、職員は意外と知らない。ましてや非正規職員となるとなおさらで、全員が一丸となって利用者サービスにあたっているという意識付けからも、これは励行していた。②は、日本図書館協会の個人会員はスタッフのうち僅かしかいないため、日本図書館協会のメルマガや、図書館情報学の諸学会の情報も含めて、取捨選択して情報を流していた。③は、利用者から褒められたことは、その言葉でスタッフを鼓舞し、逆にトラブルは、二度と起こさないようにスタッフを戒めた。要は①〜③とも、情報の共有である。

分館を含めると、塩尻市立図書館時代、私の部下は毎年、60人を超えた。本庁の部長クラスの部下の数である。着任早々に「図書館は貸出冊数を伸ばすことが評価の基準ではない。公共サービスの基本である納税者への税の還元である。そのためも、一人でも多くの利用者、新規登録者を増やさなければならない」と、経営方針を宣言した。

一年後の新年度を迎える時期には、相当な数の雑誌の複本購入を止め、ベストセラー本の購入も大幅に控えた。「借りる人がいるから」という理由で、図書館は本を購入するのではない、ということを在任中、どれだけ言ったことだろうか。図書館として所蔵すべき価値があるかどうかが選書の基準である。その価値とは、他市の所蔵状況、一定の利用頻度予測、ドキュメントの信用性など、多岐にわたる。

館長として、いい仕事ができたか否かは、館長の資質云々ではない。いい部下に恵まれたかどうかである。60人を超す組織で、部下がついてこなかったら、図書館経営などできないからである。

「図書館経営論」という科目は、司書資格取得の必修科目である。従前は、他の科目の大半が2単位の中、「図書館経営論」は1単位の科目だった。しかし、平成24年4月1日より図書館法施行規則の改正が施行され、資格取得に必要な「図書館に関する科目」が変更となり、「図書館経営論」は「図書館制度・経営論」として、2単位の科目となった。

しかし、いくら図書館が好きとは言え、「図書館サービス論」「図書館資料論」「児童サービス論」などに比べ、20歳前後の学生に図書館の経営論は見えにくく、この科目は、私のように、実際に現場で指揮を執った経験者が務めることが多い。

松本大学松商短期大学部で2012年から、前期は「図書館経営論」を、後期は「図書館制度・経営論」を講じているが、新カリキュラムの「図書館制度・経営論」のテキストを共著者の一人として執筆する機会がめぐってきた。司書講習に合わせたテキストは、日本図書館協会、東京書籍など、数社からシリーズで出ている。科目により単著や共著と様々である。私にテキストを書く機会をくれたのは本著の出版社でもある樹村房。まだ出版されていないが、自分の書いたテキストで学生と一緒に学べる日が楽しみである。

田代真人『電子書籍元年』（インプレスジャパン　２０１０年）

023

　インターネットが台頭してきた時、「これで図書館はなくなる」と、まことしやかに言っていた輩がいた。しかし、このモンスターを図書館は自らのサービスに組み入れて、図書館自身の成長の糧にしてきた。そして、次に電子書籍が台頭してきた。インターネット同様、「これで紙の本はなくなる。図書館は新しくつくる必要はない」と、放言する輩がいる。電子書籍は、アメリカにおいては急伸しているが、わが国においては、電子化された本を読む端末機器の開発は盛んに行われるも、次々に沈没。結局、コンテンツの数が思うように増えないことが、アメリカのように勢いに乗れない一因のようである。

「電子書籍元年って何度も聞くけど、二年目はいつになったら来るの」と、元年騒動の際に必ず揶揄《やゆ》される。しかし、電子化された本を読む機器が、より機能的に、安価になっていくのは間違いなく、コンテンツも年を追って豊富になっていくだろう。だから、図書館は消えていく、という図式を、勝ち誇ったかのように言う輩がいるのだろうが、そういう輩に聞いてみたい。「ところで、あなたは本を読みますか。いや、本が好きですか」と。

本の読者は基本的に一定である。ときに100万部を超えるようなベストセラー本が生まれるのは、普段、本を買わない人が買うからである。「読者」とは、本は買って読むが、図書館では借りないという人。本は図書館から借りて読むだけで買ってまでは読まないという人は少数で、大半の読者は、書店でも本を買うし、図書館でも借りる人たちである。

年間、7万点余を数える新刊本のラッシュは、その大半が増刷されることなく品切れ重版未定となり、書店の店頭から消えていく。もっとも、一部の大手出版社を除き、大半の中小出版社の本は刷り部数も少なく、物理的に全国の書店に配本されることはない。委託販売（売れなければ返本できる制度）ではなく、岩波書店の出版物のように買切りとなると、店頭に並べたい良書であっても、書店はなかなかリスクを冒してまでは仕入れない。

1000部印刷した本が、全国1万5000店の書店に並ぶはずがないのである。初刷で1万部などというのは、コミックを除き、ごく一部の売れ筋作家の出版物でしかない。正確な統計はないので、あくまで推測であるが、平均すれば初刷3000部程度であろう。

中小出版社の本となれば、1000部というのは驚くような部数ではない。もちろん、これは企画出版物の話である。自費出版物ではないので、出版社が営利を目的に発行するものである。

出版というのは、一つの産業である。しかし、全体で見ても極めて小さな産業である。4000（推定）もの出版社が一つになっても、自動車メーカー一社の売り上げにも及ばない産業である。しかし、「文化」と密接に語られることが多いので、本の価格は再販売価格維持制度と言って、公正取引委員会から、全国どこでも定価で販売することが好ましい、と擁護されているものである。自由価格で販売したら、その物流コストから遠隔地での販売価格は高くならざるを得ないし、大量に仕入れる大手書店が価格競争で中小書店の優位に立ち、市場を席捲《せっけん》するとの見方から、価格競争が排除されているのである。

アメリカ、イギリスのように自由な価格競争にすべし、との意見は、識者の一部からずっと言われていることであるが、一方、ドイツやフランスのように、自由競争から聖域化することが、本の本たる所以《ゆえん》であるとの識見と対立し、今日に至っているのである。

しかし、出版物は価格だけで議論すべき商品ではない。大半の有形・無形の「モノ」は、買い手に向けて、その市場から利益を得ることを見越してつくられるものである。もちろん、ニーズがなくても、ニーズをつくりだすというマーケティングもあるが、それも基本は利益を得ることが目的である。しかし、本という「モノ」はどうだろうか。そこには利益と言えるほどの甘い蜜はないのである。

ある研究者が生涯の研究成果を一冊の本に残しておきたいとし、本を上梓《じょうし》したとする。出来上がった本は、価格が2000円、初刷部数が1000部、印税が5％（一般的には10％だが、有名でない著作者は10％にはならない）。単純に、著者が得られる印税収入は、たった10万円である。日本では、アメリカと違い、印刷部数に応じて印税が支払われるので、単純に言って10万円が著作者の収入になる。2000円の本となれば、250頁はあるだろう。この本の執筆にどれだけ著作者は時間を要したか。少なくとも半年は構想・執筆に要したことだろう。そして、出版することで、どれだけの喜びを得て、また、誤字・誤植や事実誤認等の指摘で、どれだけの慚愧《ざんき》に悩まされるのか、少なくとも10万円では割に合わない仕事である。取材や必要な本の購入など差し引いたら、実質、赤字と言えなくもない。

このような、環境下で多くの本が世に出ているのは事実。しかし、書店に平積みされることなく、たった一冊、棚置きされたところで、出版洪水の中、意中の読者に巡り合える可能性は極めて低い。ましてや新刊本が日々量産される中、その棚に長居することはできず、並べられて数日後、書店員さんに「この本は売れそうもないな」と返品の箱に入れられたら、もう終わりである。

わが国の本の返品率は35％前後。あくまで平均なので、売れない本の返品率は当然これより多くなる。となれば、刷った本の半分が倉庫に戻され、高い保管経費に耐えられず、一定期間が来たら断裁されるという運命を辿るのである。「断裁反対！　エコじゃない」と叫んでも、下手にディスカウントされて市場に出回り、かえって面倒なことになるならば、静かに消えていく方が波風を立てないのである。これは本に限ったことではなく、あらゆる商品に当てはまることで、売れなければ処分されるまでである。

しかし、食品ならば賞味・消費期限がある。衣服ならば流行やサイズがあるが、本はそのような腐るものでもなく、四季の流行も関係ない。モノによっては情報の陳腐化があるが、資料的な価値からすれば使えなくなった情報も、別な意味で時代を知る重要な情報となる。要は、本は顧客の利用頻度は減っても、情報としての価値は、古書が一定の価格を保っているように消滅することはないのである。

今、全国3200の公共図書館で、俗に「良書」と言われる本がどれだけ所蔵されているだろうか。図書館を「無料貸本屋」と揶揄するのは簡単だが、そうさせた責任は出版業界にもあるのではないか。特に地方に本が届いていないのである。出版社は、本当に年間に7万点余の新刊本を出す必要があるのか。それでも出すのならば、それを読者に届ける工夫をしているのか。同じような企画本ばかりで、読者が求める本は出ているのか。少なくとも、私の欲しい本にはほとんど巡り合えない。

一方、図書館員も出版文化を守るという「図書館員の倫理綱領」の矜持《きょうじ》を持っているのか。直営だから指定管理だからという理由はない。経営主体云々ではなく、利用者にとって、図書館には変わらないのである。であれば、図書館には大きなミッションがある。貸出冊数だけを取り出して喧伝《けんでん》するような些末なアピールはやめた方がいい。それが顧客満足度を示す数値というなら仕方ないが、貸出冊数が多いので図書館が好き、また、貸出冊数が少ないので図書館が嫌い、という利用の声を私はいまだ聞いたことがない。

この辺で、ノーサイドにして、一度、ちゃんと出版文化というものを出版界と図書館は話し合うべきである。出版不況の犯人捜しをする前に、不況に至った制度・構造疲労を見直す必要があるのではないか。

電子書籍は紙に印字されたものではないが、私は出版物であると思う。もちろん、再販売価格維持制度の中で擁護される出版物ではない。一部、紙では出版しないという作品もあるが、大半が紙で出されたものの電子バージョンである。利用者にとっての読書法の選択肢が増えたというだけであり、読者を増やすことにはならない。電子端末が気に入ったので読書をするようになったという読者を生み出さない限り、業界全体の本を生み出すコストが大きくなるだけで、利益の構造は見えてこない。航空業界の低価格航空会社のミッションは新規の顧客開拓である。飛行機に乗らなかった（乗れなかった）人を、新規ユーザーとして、いかに空の旅に誘うかである。しかし、本は、電子端末がリーズナブルになったといっても、既存の読者が乗り換えるだけである。元々、本を読む習慣のない人は、機器を買わないし、買ったところで、機器の購入費用の元がとれないのではないか。

出版を「文化」だと言うのならば、新刊本の適正な数量の検討、中小書店を廃業させない保護・支援策の検討、流通の改善等を優先すべきで、図書館もこのことを本気で考えるべきであると思う。でなければ、真面目に出版文化を考えている地方の本屋と、同じく図書館は貸出冊数にあらず、と頑張っている図書館はなくなってしまう、と本気に危惧しているのである。

堀正岳／中牟田洋子『モレスキン「伝説のノート」活用術』

（ダイヤモンド社　２０１０年）

日記をつけ始めて20数年になる。最初は10年日記。通販で見て衝動的に買った記憶がある。その後、5年日記から3年日記になり、今に至っている。スタイルの変更は、毎日、書くことが多くなってきたためである。

正月には年頭所感を書き、一年の目標をしたためる。年の瀬には、その年のわが身に起こった重大な出来事を順位をつけて記す。また、その年に関わった重要な人物を、同じく順位をつけて記す。共に、この順位をつけるのが大事で、私にとって神聖な儀式のようなものである。特に人物は、日記を見返してみると、交友関係の変遷がよくわかる。

前著を読んだ読者から「昔のことをよく覚えていますね」と何度か聞かれたが、一つには日記が役立っている。学生時代のころは、日記などつけていないので、大雑把な記憶でしかない。小学校の頃から日記をつけていたら、「石鹸ではなく、エメロンシャンプーで髪を洗った」「生まれて初めてコカコーラを飲んだ」「レコードプレーヤーがわが家にやってきた」とか、本のネタに苦労しなかっただろうに、とつくづく思う。

先日、小・中学校と同じ学校に通った友人から、一枚のDVDをもらった。中身は、私の中学校の友人が撮った中学校の修学旅行と、高校（私の母校とは違う）の修学旅行の貴重な映像である。この当時のビデオカメラは映像だけの記録で、録音機能はなかったらしいが、当時としてはかなり高価なものであったことは間違いない。

撮られていたという記憶はないので、突然、カメラの前に現れる私は、全く被写体になっていることを気にせず振る舞っている幼い14歳である。一学年6クラスという大きな中学校だったので、同学年の顔は覚えていても名前はすっかり忘れている。こうして映像を観ると、ビデオで記録するのもいいな、とは思うのだが、しかし、続けて観たいかと言うと、続けて観る気にはならない。しかし、日記は、一度読みだすと止まらなくなる。何度も繰り返し読んでしまう。

本著を読んだ時、「よし、モレスキンを買うぞ」と決めた。しかし、買う前に、退職祝いのプレゼントとして、友人から贈られた。なんという偶然だろうか。私の嗜好を見ぬいているな、と感心した。本著では、様々なモレスキンの活用法を紹介しているが、ノートの活用法なんて、何をいまさらって感じではある。でも、楽しい本である。

私がもらったのは単なる無地のノートである。表紙の肌触り、紙質、装丁、造本、全てプロの仕事の集大成という感じで、たかがノートとは言え、迂闊にメモ程度にペンを走らせる相手ではないのである。

退職を機に使い始めるわけだから、それらしく使いたいし、しかも死ぬまで使うと決めた。何を書くかであるが、講演や研修の講師に呼ばれた際の記録を記すノートとした。

講演ならば、日時、場所、主催、対象者、参加者、名刺交換者、講演内容など、細かく記録し、日記とは別の新しい記録媒体となった。相当な頁数なので、きっと死ぬまで使うことになるだろう。

現在、記録を残しているのは、先述した「3年日記」と「モレスキンノート」と、大学専用の「スケジュール帳」の3冊。このほかに創作ノートを2冊。喫緊の課題は「図書館訪問ノート」をつくるか否かである。これまで訪ねた250余館の詳細な記録がないのは、取り返しのつかないミス。私にとって「図書館めぐり」は商売道具。となれば、素敵なノートを探さなくてはならない。結局、御託を並べても、単なるノート好きなのである。

大内田鶴子／小山騰／藤田弘夫／熊田俊郎『神田神保町とヘイ・オン・ワイ』

（東信堂　2008年）

024

いい図書館と、いい書店があるまち。それが私の住みたいと思うまちである。景色や気候、交通の便などは、あまり関心はない。図書館だけではダメ、本屋だけでもダメである。本屋はできれば、新刊書店だけではなく、古書店も数軒はあってほしい。あまり行くことはないが新古書店もあれば便利だ。

図書館は既刊本の保存庫として、書店は新刊本の棚から出版状況を学ぶ場所として、私にとってなくてはならない存在である。図書館に勤務していた当時は、仕事の延長で、ざっと目を通す新刊本が、月に50冊以上はあったが、市役所を退職してからは、さすがにこういう生活はできない。しかし、書店に行っても、並んでいる新刊本は明らかに図書館のそれとは違い、私の関心のある本はほんの少ししか見つからない。

実は図書館と書店は、新刊本一つとっても、これくらい違うのである。もしも、扱う新刊本が同じになったら大変なことになってしまう。

私の住む茨城県の県庁所在地は水戸市である。地元系の大型老舗書店は地方にしてはかなり充実した品揃えであるが、図書館情報学の本の置いてある棚はない。基本的に取り寄せである。たまたま県内には筑波大学という、図書館情報学を専攻できる大学があるため、つくば市内には図書館情報学の本を置いてある書店は数軒あるが、大都市の大型書店とは比較にならない。多分、日本には図書館情報学の本を書店の棚で見ることができない県が相当あるものと思う。

しかし、書店で見ることはできなくても、図書館に行けば図書館情報学の本はだいたい置いてある、と思う方が多いかもしれないが、実はそうではない。図書館でも積極的に収集していないところが少なくないのである。年に数点しか発行されないマイナーな分野の、しかも最も図書館が守備範囲としなければならない本を、なぜ、収集しようとしない図書館があるのか、元図書館員として私は疑問でならない。

その多くは町村図書館で、図書購入予算もかなり少ないところが多い。しかし、そのような町村には書店すらないところもある。となれば、ベストセラー系の利用の多い本を優先するということになるのであろうが、これでは図書館が限りなく書店化するだけである。しかも、僅か数冊の図書館情報学の本の購入が大きな負担となるものとは思えない。図書館の存在意義を改めて考え直してほしいものである。

最近、ブックカフェなるものが増えてきつつある。個人的には非常に好きな空間である。取次のパターン配本（書店が独自に並べたい本を仕入れるのではなく、取次が一方的に書店に並べる本を選んで、書店に送ってくること）に慣れ切ってしまった目には、どこのカフェの棚も新鮮で、オーナーのこだわりが伝わってくる選書や並べ方は、図書館関係者としても非常に勉強になる。

書店でも、専門書店といわれるところも居心地がいい。自動車や飛行機や絵本など、ある分野に特化した書店である。松本には知人が経営する「ちいさいおうち」という絵本専門店がある。立地場所としては決していいとは思えないが、松本地方には、人に説明するのが難しい幹線から離れた場所に美味しい食堂やレストランやパン屋がたくさんある。いい仕事をしていれば、食べ物や本屋は場所を選ばないという証左なのかもしれない。

私も、条件さえ合えば、塩尻市内でブックカフェを開店させるという夢を抱いたことがあった。大好きなクルマ、アート系の本を中心に、いつでも絵本の読み聞かせをするスタッフがいるというコンセプトだったが、叶わなかった。

私の夢は書店と図書館がコラボするまちづくりである。両者が知恵を出し合い、市民に本当にいい本を届け、また可能な限りさまざまな出版情報を提供するまちである。そして、地域から地域独自のベストセラーをつくり、それを全国に波及させていける力を持った市民のいるまち、さらに、イギリスのヘイ・オン・ワイや、フランスのベシュレルのようなブック・ツーリズムに発展していければ最高である。

「読書を通じた人づくり」とはよく聞く言葉であるが、私は「本を活かしたまちづくり」ができれば、と思っている。既に先行例として、福岡の「ブックオカ」、東京の「不忍ブックストリート」「西荻ブックマーク」、長野の「本のまち・軽井沢」など、本と地域社会を結びつけた取り組みがある。

本は読み手によって大きく価値が変わるものである。ある人が不要になっても、別の人にとっては一日千秋の思いで巡りあうのを待っている本だってある。だから、新古書店が隆盛なのである。そういう本を介して人が出会い、そしてツーリズムへと繋がる仕掛けがしてみたいのである。

岡部誠／堀越禎二／巽英明『庭木・街の木』

（小学館　1999年）

627

好きなのに、何年経っても覚えられないのが樹木の名前である。自宅の庭は、四季の移ろいが楽しめる公園のイメージで、ガーデニング屋さんに設計・植樹してもらった。広さは散策路を整備し80坪ほどあろうか。

それまで、小さな数坪の庭しかなかったので、造った当初は、土に触れ、草を触ること自体が楽しくて仕方がなかった。ある人が庭を見に来て「これは先々大変なことになるぞ」との言葉は数年後には現実になった。憧れだった芝刈りは、いつの間にか重労働に代わり、楽しかった草抜き（草刈りではありません）も、苦痛の仕事になってしまった。特に夏の草抜きは蚊との戦い。夏場なので、肌を出さない完全防御とはいかず、1時間もやれば、全身、蚊の餌食。特に尻は刺しやすいのか、暫く尻を掻かないといられないほどである。

鹿嶋の市役所の先輩で、典型的なナチュラリストがいて、一人は確か農学部出身と仄聞《そくぶん》していたが、この先輩は森に入ったら、ほとんどの樹木の名前を言い当てることができたらしい。また、もう一人、文学部史学科出身で、私の友人がその先輩と畦道を歩いていたら、道端の草の命を絶つような歩き方をするな、と叱られたという話を聞いたことがある。

樹木の名前を、葉を見ただけで言い当てられれば、とポケット版の樹木の本を買ってみたものの、何年たっても全く判別がつかない。自分の庭の樹木すら「これなんだっけ」の世界である。

仕事でオーストラリアに行ったとき、目を奪われた樹木があった。時期は（オーストラリアの）春。ブリスベーンの街中に青紫の花を咲かせている樹木があった。まるで、日本の桜のように、いたるところに咲いていた。現地ガイドに聞くと「ジャカランダ」という樹木とのこと。調べれば、世界三大花木の一つで、ノウゼンカズラの仲間。ハワイでは、日系人が日本の桜を偲んで「ハワイ桜」や「紫の桜」とも呼んでいるとのことらしい。

早速、花木センターに苗木を買いに行ったが、「鹿嶋の冬を越えられますかね」と、疑問を呈した答え。だめもとで、と買ってはみたが、やはり地植えでは冬は越せなかった。

茨城では見たこともないので、やはり無理なのであろうか、あの美しい可憐な花が満開のまちをもういちど見てみたいものである。

先の庭とは別に、広い敷地には無秩序に大小の樹木が並んでいる。ホームセンターの花木売り場を覗くのが大好きで、恰好のいい樹木を見つけると、ついつい苗木を買ってしまうのである。このままいったら、「猫屋敷」ならぬ「樹木屋敷」になってしまいそうだ。

木は花と違い、その寿命は人間より長い。高木の木となれば、無数の枝葉で風を奏で、夏の強い日差しから涼を生み、広葉樹ならば四季の装いを楽しませてくれる。人間にとって最も長く付き合える生きものだと思う。

植えてもいないのに、庭のあちこちかで幼い木が育っている。あまりに窮屈な場所に根を張ってしまった木は掘って植え直すが、これが不思議となかなか根付かない。悪いことをしてしまったと後悔するが、これればかりはどうしようもない。

樹木の本は、図書館でも人気がある。オールカラーの本が多いので見ているだけで楽しい。時々、意地悪ではないのだが、図書館めぐりの際に、周囲に植樹された木が気になり、図書館員に木の名前を尋ねることがある。残念ながら、ほとんど答えが出たことがない。環境マネジメントから配された樹木は、立派な図書館施設計画の一つ。ぜひとも、図書館員は答えられるようにしておいてほしいものである。

茂木大輔『オーケストラ楽器別人間学』

（草思社　1996年）

763

何でもかんでもという程ではないが、楽器のグッズには誘惑されてしまう。キーホルダー、ミニチュアなど、本物が買えない代わりに手に取ってしまう。もっとも、特殊な人でない限り、楽器は演奏するもので、集めるものではない。しかし、楽器の美しさといったら形容しがたいものがある。優雅な曲線、複雑な造作、材質の主張、自然美と人工美、オブジェとしても一級品である。

そして、楽器の最大の美しさは、名プレーヤーの指や唇に触れたときにピークを迎える。要は、楽器はオブジェではない。人の手で奏でられるために生まれたものである。

2004年に亡くなった、いかりや長介氏の遺影は、楽器全体は映っていないが、ウッドベースを弾いている氏の横顔だった。晩年、好んで蓄えていた髭が、ミュージシャンであることを主張し（ビートルズの日本武道館公演の前座はドリフターズが務めた）、弾いているというよりも抱いている感じで、この遺影を見たとき、私も遺影は好きなものと一緒に撮りたい、と決めた。本を読んでいるところか、大好きなバーボンを飲んでいる自分の横顔が綺麗ならば、それがいいと思うのだが、こればかりはどうにもならない。

私が楽器とのツーショットが最も似合うと思っているのが、ローリング・ストーンズのキース・リチャーズである。映画『シャイン・ア・ライト』のライブの最後に、ギターを抱きかかえるようにして跪《ひざま》ずく姿は、世界一幸せなギターに嫉妬するほど、美しいシーンだった。

私が唯一、人前で演奏できる楽器はドラムである。その遍歴は前著に書いたので省略するが、この楽器ほど、プレーヤーによって、その時代によって、その姿を変えたものはない。一般的に、ドラムとはドラムセットのことであり、太鼓を好みや演奏する曲に合わせて、プレーヤーが演奏しやすいように並べたものである。管楽器に比べて、シェル（太鼓の「胴」の部分）の色は、色鉛筆のように何色でもある。レッド・ツェッペリンのジョン・ボーナムは、デビュー当初はグリーンが好みだった。後にスケルトン（透明）を使うようにもなったが、スケルトンといえば、スリー・ドック・ナイトのフロイド・スニードは、早くからスケルトンを使っていた。白人を中心にした7人のメンバーで唯一の黒人。ドラムの奥に透けて見える、黒い肌が本当にカッコよかった。また、「多点キット」といって、何十個と太鼓（タムタム、フロアタム）を並べたセットを使うドラマーもいる。昔は、バスドラムと言えば、ツイン（二つ）が上限だったが、今では三つ四つと並べたセットもあり、さらに大小数々のシンバルが並ぶさまは要塞のようである。

楽器と言えば、なぜ、ジョン・コルトレーンはサックスなのか、なぜ、マイルス・デイヴィスはトランペットなのか、きっと、いろいろな楽器に出会っているはずだが、生涯の伴侶として最終的に選んだ楽器は、他の楽器と何が違っていたのか気になる。

本著は、クラシック音楽の指揮者でもあり、オーボエ奏者でもある著者が、オーケストラで使われる楽器を奏でるプレーヤーの性格を面白おかしく書いたものである。例えばトランペットは、「非常に性格のはっきりした、明るい人物が多く、苦悩や逡巡などとは無縁である」と。ヴァイオリンは「繊細、敏感、そしてときには我が強く、許容範囲が狭い」と、分析する。私の周囲のプレーヤーを見ると、この分析はズバリ当たっている。

ちなみに、「スリルへの強い欲求を持ち、危険をあえて好む冒険的な、しかし一面ニヒルな性格」とは、打楽器奏者。あまりに私にぴったりで恐ろしくなった。

大川哲平『ステイショナリー・ワンダーランド——伊東屋の文房具たち』

（プチグラパブリッシング　2004年）

589

目（手）にした瞬間、迷わずに買ってしまう本がある。一番目は、前著にも書いたように外国の自動車広告の本。とにかく外車のアドバタイジングに関する本はめったに新刊が出ないので、平積みならばジャケ買い、棚置きならば背表紙買いである。

二番目は、文房具系の本。こちらは最近かなり点数も多く新刊が出ているので、慎重吟味買いである。企画が中途半端で、似たり寄ったりが多い。単なるグッズではなく、文化として扱った本でなければ、まず買わない。

三番目は、クルマに関する本。こちらは玉石混淆《ぎょくせきこんこう》。とにかく出版点数が多く、クルマと一言で言っても、ターゲットは様々。フォーミュラ系、日本車の新車系は全く関心なし。どちらかと言えば、和洋問わず旧車系と言われるモノに惹かれる。しかし、これだけ本が出ているのに、なぜ買いたくなる本がないのか。買いたくてウズウズしている読者がいるのに、である。

これは私の単なる偏った嗜好からきているものではない。例えば、株式会社ネットマイルが2006年に行った読書についてのアンケートでも、本を読まなかった理由のベスト3は、全体では、1位が「本を読む時間がなかったから」(48・2%)、2位は「読みたい本がなかったから」(38・0%)、3位が「本よりテレビやラジオ、インターネットのほうが面白いから」(25・9%)となった。

興味深いのは2位の「読みたい本がなかったから」である。その年代別内訳は、20代:43・5%、30代:41・7%、40代:33・3%、50代:35・5%)であった。また、60代以上では、1位が「読みたい本がなかったから」(36・1%)となっているのである。

年間に7万点余の新刊書が発行されているにもかかわらず、「読みたい本がない」のである。田舎に住んでいると、この状況は悲惨なもので、書店で読みたい本が見つかることはほとんどない。書店よりも新古書店の方が読みたい本が見つかるし、さらに逆を言えば、古書店の方がその傾向は高くなる。最近増えてきているブックカフェ風の店は、店主のこだわりが書棚を主張し、私が最も得意とする分野でも、図書館以上に「こんな本が出ていたのだ」と教えられることが多い。財布と相談し諦めたものの、店を後にしてから「あぁ、やっぱり買っておけばよかった」と後悔することがたびたびある。

私が以前住んでいた塩尻には、大きな店舗ではないが、店主のこだわりが書棚に表れていた書店があった。「うそっ、この本が置いてある」と、何度も驚かされた。ある日、新刊棚で『平台と書棚』（柴野京子著）を見つけた時（もちろん、即購入）のことを後日話したら、店主曰く「この本を買うお客がうちにはいたのだ、と嬉しくなった」、とダメモトで入れた本だったことを告白されたことがあった。この本は新刊棚に棚置きで一冊だけ置いてあった。読者の目に映るのは、タイトルと著者名。手に取るのは、よほどの本好きである。しかも、手に取れば、かなり難しい本とわかる。この本を仕入れる本屋の矜持が、図書館員（当時の私）の闘争心に火を付けたのである。そういうバトルが全国に広がれば、読みたい本が書店に並ぶようになると思う。

本著は、タイトルがずばり中身を言い表しているとおり、伊東屋と言う老舗文房店の歴史、オリジナル商品、文房具の薀蓄《うんちく》が詰まったものである。装丁も秀逸で、これぞ「本」と唸ってしまう。内容云々ではなく、紙の「本」でなければならないし、買っておかなければならない、と文房具好きに思わせるものである。しかし、こんなに相思相愛の仲ながら、私がこの本を知ったのはネット書店であった。ネット書店なので中は見えない。でも、このタイトルを見たら買わないわけにはいかない。

ネット書店の良いところはキーワードで探せるところ。しかし、悪いところは、キーワードという視界しかないところである。暗闇の中で本を探すようなもので、キーワードが見つからなかったら、目指す本には辿りつけない。

図書館も書店も同じであるが、金太郎飴になりすぎていないだろうか。図書館は貸出の多い本を、書店は売れる本を、というのはわからなくはないし、悪いことでもない。しかし、ある程度の規模の図書館が、市町村の枠を取っ払って、年間発行される全ての新刊本(図書館として妥当な本に限る)を購入すれば、読者は今以上に「読みたい本」に出会えるだろう。そして、書店は、取次からの配本に加え、ブックカフェのような店主のこだわりの棚をつくってもらえると、書店めぐりは楽しくなると思う。書店は、出版不況云々と騒ぎ立て、犯人捜しをしているうちに、読者は呆れて離れて行ってしまうことを、もっと真剣に考えてほしいものである。個人の客注が売り上げの大半を占めている御用聞き型書店もある。読者はいい本が知りたいし、読みたいのである。書店はぜひ、いろいろな生き残りの可能性を考えてほしいものである。読者は決していい本屋を裏切らない。

矢作俊彦『スズキさんの休息と遍歴またはかくも誇らかなるドーシーボーの騎行』

（新潮社　1990年）

何十年と恋焦がれているのに、いまだに所有したことのないクルマがある。それは、フランスの国民車、シトロエン2CVである。非力であるにもかかわらず、世界中で愛された（愛されている）クルマである。いや、クルマというカテゴリーを超越した、まさにフランスのファッション・文化といえるかもしれない。

製造期間は1948年から1990年までの42年間。大きなモデルチェンジのないまま、387万台が製造された。長寿車として共に称されるフォルクスワーゲンタイプ1（独）は65年間、ミニ（BMCミニ、ローバーミニ）（英）は41年間製造された。

47歳の時、休暇を取って、一人でフランスに行った。目的は、シトロエンの写真を撮ることであった。もちろん、大好きな美術館巡りもしたが、時間さえあれば、街に出て、シトロエンの写真を撮った。まだ、2CVが新車で販売（フランスでの製造は1987年に終了、以降はポルトガルで生産）されていた頃で、本当にフランス中に2CVが走っていたという記憶がある。当時のフランス車は、クルマ自体がオシャレなわけではなく、乗っている人がオシャレという感じだった。シトロエンに限らず、プジョー、ルノーの低価格車を綺麗に磨いて乗っている人をほとんど見かけなかった。

前著で紹介したイラストレーターの今村幸治郎は、シトロエンしか所有したことがなく、その車歴はすさまじいものがある。もちろん、描くクルマもシトロエンのみである。今村氏に限らず、シトロエンの愛好者はマニアックな人が多く、彼らは「そこまで好きなのに、なぜシトロエンに乗らないの」と、私を似非《えせ》ファンだと、いぶかしがるかもしれないが、なぜか決勝戦敗退という感じなのである。きっと、買ってはみたものの壊れてばかりで、二度と見たくもない、となりはしないかと考えてしまうからかもしれない。

長野県に住んでいるときに、原村のペンションオーナーや、駒ケ根市のレストランオーナーなど、シトロエンも含めたヨーロッパ車マニアを訪ねた。何台ものクルマに交じって2CVが車庫に収まっている。そばには、ジャガーやスーパー7など、高級車が陣取っているにもかかわらず、ブリキの玩具のような2CVの存在感は決して引けを取らなかった。

2CVは、日本ではほとんど見かけることのない初期型は375ccで495kg、末期型は602ccで590kgという重量でクルマとは思えないほど軽い。坂道の多い豪雪の原村のペンションのオーナーが、2CVはタイヤが細く、車重が軽いので、雪道はスイスイ走るのだ、と言っていた。このことは、五木寛之も小説の中で書いている。全長は3830mmで全幅は1480mm。全幅は軽自動車並みだが、全長は国産のリッターカーのサイズである。デザインは発表当時から嘲笑の的であったが、見方によっては個性的であり、アートのようなクルマでもある。フランスでは2CVの絵本も出版されており、シルエットだけでも唯一無二のクルマとして子どもたちにも愛されている。

シトロエン2CVが出てくる小説には、60頁に書いた『雨の日にはクルマをみがいて』などがあるが、本著はタイトルに「ドーシーボー（2CV）」とあるように、2CVファンならば、迷わずタイトル買いだろう。私もその一人である。買ってみて驚いたのが、小説なのにイラストが頻繁にでてくることでる。頁をめくると、早々と黄色の2CVのイラストが出てきてワクワクさせられるが、これ以降出てくるのは、2CVのサイドウィンドウなどの部分のみの数枚。イラストを期待する読者は裏切られることになるが、これまで見たことのない組版に絶句するのは請け合いである。

699

藤井青銅『ラジオな日々』（小学館　2007年）

2012年4月、長野県塩尻での単身生活を終え、鹿嶋に帰ってきて早々に、鹿嶋市役所のN氏からメールがあった。自分が毎週パーソナリティーを務めるコミュニティFM「FMかしま」の1時間のトーク番組にゲスト出演してほしいというもの。中身は、塩尻での図書館によるまちづくりを2週続けて話してほしい、と言うのである。

N氏は6年前に、民間から鹿嶋市の部長職にヘッドハンティングされた人で、私が市役所を退職した翌日に採用になったので、私とはたった一日の擦れ違いで、一緒に働くことができなかった先輩である。

共にヘッドハンティングされた者同士ということで、親近感はあったが、実際に言葉を交わしたことはなく、2010年にN氏が鹿嶋市読書団体連合会の視察に同行して、開館直後の塩尻の新図書館を視察に来た時が初めてであった。

日中は図書館と古田晁記念館を案内し、夜はJAが経営する市内の宿に泊まってもらい、久しぶりに茨城弁で旧知のメンバーと語り合った。Nさんとこの夜、初めて酒を酌み交わし、酒が饒舌にしたこともあるが、読書の大切さ、学校図書館の経営、本によるまちづくりなど、熱く語り合って別れた。会って数分で夢を語り合う相手に出会ったのは久しぶりであった。

番組は、「かしまカフェサロン」といって、パーソナリティーのNさんに、女性のアシスタントがついて、N氏の質問に、ゲストが答えるというもの。生番組ではなく録音番組であるが、完全な一発録り。Nさんはしっかり質問事項を学習しているが、私の受け答えは「生放送」状態。しかし、初めての経験は楽しいものであった。何よりも嬉しいというか凄いというか、公共の電波で図書館のことを1時間も、しかも2週続けて話しをするなんて前代未聞である。さらに再放送が1回あるので、4時間もラジオから、繰り返し「図書館」という単語が流れたのである。日本図書館協会から表彰されるような企画であった。

コミュニティFMとは言っても、インターネットで全国どこでもライブで聴くことができるので、放送後は、塩尻の友人からも感想メールが次々と送られてきた。つくづく便利な世の中になった、と思った。

1回目は学校図書館、2回目は図書館とまちづくりについて喋った。始まってみれば1時間なんて、あっと言う間である。喋り足りないこと、間違ってしまったことなど、いろいろあるが、会話のブレイクとして流れた曲は、私のリクエスト曲で、キャロル・キングの「君の友だち」、ニルソンの「ウィズアウト・ユー」、クリーデンス・クリアウォーター・リバイバルの「雨を見たかい」など、エピソードを添えて紹介した。「雨を見たかい」の私の解説に、晴れた日に降る雨とは、ベトナム戦争でアメリカ軍がまき散らしたナパーム弾だったとは知らなかった。どおりで、不思議な詩だと思っていた、という友人からの感想まで届いた。

鹿嶋市役所時代、実は、私にもFMかしまのパーソナリティーを務めないか、というオファーがあった。ご機嫌な音楽番組にするぞ、とノリ気だったが、人事セクションから、いかにも役所らしい意見が伝わってきたので止めた経過がある。

「女性一人がやたら目立つバンド特集」として、スージー・クワトロ、ショッキング・ブルー、ブロンディなど。「カウベルが最も印象に残る楽曲特集」として、ローリング・ストーンズの「ホンキー・トンク・ウーマン」や、グランド・ファンクの「アメリカン・

バンド」などの特集を嬉々として考えていた。

コミュニティ放送とは、放送対象区域を市区町村やその周辺地域とする、まさにコミュニティを対象としたテレビ、ラジオ放送で、FM局は全国で300ほどの放送局がある。コミュニティ放送が聴けないエリアに住んでいる人には馴染みがないかもしれないが、2011年3月の東日本大震災の被災地である鹿嶋では、水道水が止まってしまった地域の人たちに、「私の家の庭にある水道は自由に使っていいですよ」「レストラン○○は本日開店しています」などと、非日常の世界と化してしまった被災地において、コミュニティ活動の一翼を担っていた。

「かしまカフェサロン」へのゲスト出演がきっかけとなって、10月1日から私がパーソナリティーを務める新番組が始まった。番組名は「Dr.ルイスの〝本〟のひととき」。本と図書館と音楽を元図書館長が語る日本で唯一のラジオの定期番組ではないだろうか。

本著は、新進放送作家の著者の仕事を通じた1980年代のラジオ・グラフィテイである。松田聖子や大滝詠一なども実名で登場。ラジオに夢中になっていた頃の自分が見えてくる人もいるのではないだろうか。

『「本の学校」大山緑陰シンポジウム記録集』

（「本の学校」大山緑陰シンポジウム実行委員会　1996年〜2000年）

023

2012年7月7日(土)、私は東京国際ブックフェアの会場であるビッグサイトにいた。その日の仕事はシンポジウムのパネラー。パネラーはほかに元鳥取県立図書館長の齋藤明彦氏と、塩尻市内の書店社長の中島康吉氏。テーマは「ローカルな本の環境づくり」。コーディネーターは上智大学の柴野京子氏だった。

このシンポジウムは、NPO法人「本の学校」が企画したもので、この法人の代表者から指名されて臨んだものである。図書館関係者と書店や取次等の出版業界の関係者が一堂に会する機会というのは稀で、私自身、貴重な経験となった。

塩尻の図書館では、2012年から「信州しおじり 本の寺子屋」なる事業を展開している。この事業自体は、私が塩尻市の図書館長時代に予算化したもので、一言でいえば、図書館が中心となり「地方の出版文化」を考えていこう、というものである。

市議会の一般質問の答弁にあった「本の学校」という言葉に、全国紙の記者がすぐに反応し、興味を示したことで記事になり、この記事がインターネットで伝播《でんぱ》し、本家の耳に入った。志を同じくする仲間が鳥取からはるか離れた長野で生まれたことを知り、実現に向けて大きな後ろ盾となってくれたのである。

私が、鳥取の一書店が立ち上げた「本の学校」の取り組みを知ったのは、図書館情報大学大学院（現在の筑波大学）で、出版流通と図書館の関係の研究を始めたことが嚆矢《こうし》である。入学するまで、毎年の取り組みをまとめた書籍『大山緑陰シンポジウム記録集』があることすら知らず、この本との出会いが巡りめぐって、鹿嶋～つくば～塩尻を経て鳥取に辿り着いたという14年の長い旅路だった。

本の学校の創始者である永井伸和氏から初めて電話をいただいたときは、正直あまりに突然で驚いてしまった。しかし、数十分話し込んでしまい、その後いただいた電話も一時間を超えてしまうこともざらで、「出版と図書館」の世界が、お互いどれほど好きかがわかった。

「出会い」は「出会ったという証拠」を鮮明に残さなければ、その記憶はすぐに薄らいでいくものである。元新潟市役所に勤めていた私の友人は、東京で行われた役所の職員研修担当者向けに行われた研修会で一緒になった方である。研修が終わり、薄暮の代々木駅の券売機で隣り合わせになり「研修では、ご一緒でしたよね」と声をかけたことで、酒を飲みに行くことになり、すっかり意気投合して、以来、20年余の付き合いである。

今回のシンポジウムのパネラーは、永井氏にとって、電話でしか話をしたことがなかった私に、「出会ったという証拠」を残すために、氏が私に託した大役であった。私が与えられた役をきちんと演じられたかどうかは疑問だが、こういう劇的な演出のできる人になりたいと、つくづく思った。

ドイツを模して、1995年に永井氏が鳥取の米子で始めた「本の学校」という実践が、2012年にはNPO法人となって昇華した。そして、より強固な組織となり、こうして、東京の大会場を舞台に、あえて「地方」というポテンシャルを、出版業界と図書館で考えようという企画を仕掛けた。鳥取が先鞭をつけたことを、次は塩尻がやろうとしている。後任には重い課題を預けてしまったが、筑摩書房創業者である古田晁を生んだ彼の地で、大輪の花が咲くことを祈るのみである。

石川達三『青春の蹉跌』

（新潮社　1968年）

いつの時代も書店の棚に所狭しと並んでいる本と言えば、ダイエット本と英会話本である。苦労せずに痩せたいというわがまま、英語が喋れたらという願望は、多くの人たちの永遠の関心事なのだろう。

私は痩せることについては、何回も痩せたり太ったりしているので、○○ダイエット法なるものは読んだことがない。単純に摂取カロリーと消費カロリーを考えれば、計画どおり痩せられることを何度も体感している。要は本気になってやるかやらないかである。

しかし、英会話（英語）攻略本はいったい何冊買ったことだろうか。高校三年生の時に英検二級の問題集を解いたら、合格ラインを余裕で超えていたので、二級はパスし、準一級を社会人になって一回だけ受けて落ちている。受験する前に通信教育で半年ほど準一級の勉強をしていて、模試で合格ラインを超えたこともあったので、半分いけるかな、という期待があったが本番はダメだった。

とにかく英語に関してはかなり投資してきた。外国人との日常英会話には不自由はしないが、履歴書に書ける技能は何もない。この年齢になって、今さら英検準一級を取ったところでどうにもならないが、投資効果がゼロという結果は、どこかで引きずっている。

また、週末に東京まで通学したのに取れなかった資格が中小企業診断士である。こちらも一回受験して落ちて諦めてしまった。こちらは、特に古傷にはなっておらず、再度受験しようとも思ったこともない。

引きずっている最大のもの言えば、某国立大学受験の失敗である。外交官か大手商社マンになるという夢を叶えるために、何が何でも入りたかった大学であったが、相手が強すぎた。受験シーズンに『○○大学文系』と大きく書かれたひときわ分厚い赤本（教学社刊）を書店で見かけると、ついつい昔を思い出してしまう。

高校生の頃、一時期、加藤諦三を夢中になって読んでいた。精神的な支えを求めて貪るように活字を追いかけていた。気が付けば僅か一年くらいの短い期間であったが、なぜか加藤諦三であった。人の書いた人生論を読んで刺激を得ている間は、自分の進むべき道は見つからない、というのが持論である。実行に移せないから本にすがっているだけで、すがっていれば、少なくとも自分は立ち止まっていないと思いたいだけである。実は前には進んではいない。

先に書いたように、私は○○大学受験の失敗を引きずっていた。大学院への進学は、それを帳消しすることとも理由の一つでもあった。もちろん、青春の蹉跌が消え去ることはなかったが、時々思い出しては、くよくよすることは一切なくなった。なぜなら図書館情報学という夢中になれる恋人が現れたからである。

図書館に勤めていた頃、借りていかれる本を見て、この人は昔の自分と同じだな、と思ったことがたびたびあった。何かと必死に戦って、または、これから戦おうとしているのだなとわかると、中島みゆきの「ファイト！」を応援歌として送りたくなった。

ちなみに、今の私の応援歌は、塩尻市立図書館の館長をしていた時に部下の一人から教えてもらった曲である。鹿嶋市役所を退職した時の胸中、塩尻で一人戦っている自分、そしてこれから歩んでいく人生が歌詞に重なり、恥ずかしながら何度も泣かされ、勇気をもらった曲「さよならCOLOR」である。

吉江親正『藪医者放浪記』

（角川書店　1991年）

289

「やぶ医者」と陰で揶揄される医者はたくさんいるが、自分を「やぶ医者」という医者を私は知らない。森田功さんは「やぶ医者」と自称して、たくさんの本を書いているが、多分、森田氏くらいであろう。自ら「ダメ教師」「ダメ弁護士」と、先生と言われる職業の人が、身内の話ならともかく、人前で「私はダメ教師だ！」と、叫んだりはしない。「先生」と言われることが普通になっている人は、謙遜はしても卑下することは、なかなかできないと思う。卑下できる人はきっと名医に違いない。

不思議なくらい風邪をひかない体質であるが、不思議なくらいよく入院をする。しかも、その期間が半端ではない。しかもかなり重篤な症状での入院・加療である。

34歳で初めて入院した。期間は2週間で、内容は検査入院。これくらいなら骨休めとしていいかも、と思っていたら、1年後、検査で見つからなかった病巣が見つかり4カ月も入院・手術・加療することとなった。まさに晴天の霹靂《へきれき》。生きて娑婆に戻ったときは、15kgも体重が減り、痛々しい頸部の手術痕を、新しい自分の「外見」として受け入れなければならなかった。

その2年後に再発。今度は2カ月の入院となった。4カ月も入院した経験があり、しかも同じ病院ともなると、さすがに「おかえり」とは言わないが、知り合いのナースが声をかけてくる。病院で再会することは望ましいことではないが、再会が嬉しくないわけでもなく、妙に明るい患者を演じてしまうのである。次々と旧知のナースが部屋に入ってきては挨拶をしてくれたりすると、売れっ子患者のようで恥ずかしいものである。

それから大きな病気もせずに18年。大病したことも忘れ、人一倍、体を酷使して走ってきた。いや、大病を患ったからこそ、疾走してきたのかもしれない。

しかし、再び「悪友」が私を訪ねてきた。当初、「1カ月」と聞いていた入院期間は、最終的に3カ月にもなってしまった。20年前入院した時に見舞いに来ていた子どもたちは、恥ずかしそうに、そして寂しそうにしていたが、全員が成人すると、患者である私にいろいろ細かく注意する子どもに変わっていた。「先生の言うことをちゃんと聞いてよ。とにかく怒らないでね」が、家族の決まり文句である。

昔は、今の電子辞書と違い、分厚い広辞苑、英和辞書を持って入院したもので、隣のベッドの患者から「大学の先生をされているのですか」と、毎日、書き物をしている私を傍らで観察していて、職業を聞いてきたことがあった。昔は、テレビなどほとんど観ずに、本を読んでいるか、書き物（手紙）をしているかが、入院中の生活であったが、今は、ベッドでパソコンを打っているか、ＤＶＤを観ているかである。しかし、入院中の不自由さには変わりはない。

しかし、信州大学付属病院は、図書館と豪華なレストランがあった。消化器系の疾病ではないので、病院食は朝食のみとし、昼食と夕食はレストランか売店での弁当を食べ、一日一回は図書館に本を借りに行くという生活。自分が使う立場になって、病院こそ、図書館が必要だと思った。図書館には自由に使えるインターネット端末があり、スマホを持っていない私には大助かりであった。

本著は、私が塩尻の図書館長を務めている間、いろいろとお世話になった医師のお父さんが書かれた本である。塩尻を去る際に、食事に誘われ、その時にいただいたものである。この本をくれた先生は耳鼻咽喉科の開業医Ｙ氏で、会員を務めるロータリークラブからは、毎年、児童書購入費として図書館に厚志をいただいていた。

毎年一回、ロータリークラブから、市内のホテルで行われる月例会に招待され、図書館の話をする機会をいただいた。新図書館ができる前は、図書館の将来像を語り、新館開館以降は、利用状況や課題等を報告させてもらった。

ロータリークラブと言えば、医師、歯科医師、会社社長など、地元の名士の集まりである。私が一緒に会食できるような人たちではないのだが、図書館をしっかりと支えてもらった。開業医のY氏は、図書館への児童書寄贈の担当ということで、特に親しくさせていただいた。大学の後輩が開業医をしている東日本大震災の被災地に児童書を送りたいと相談され、仲介したこともあった。

塩尻の図書館長時代は、ほかにも個人・団体からの現金や図書券での篤志行為が絶えなかった。本の寄贈も、個人の蔵書数が非常に多く、個人で1000冊を超える寄贈は何度もあった。しかし、いくら美品でも、図書館で複数所蔵しているものはもらっても仕方がないので、一定の価値が見込める本は、親しい古書店主に現地に来てもらい、少しでも現金化することで、寄贈者の篤志に応えるようにした。家庭に眠る本が不要になった時、図書館がいかに対応するかが、そのまちの文化を支えることになると思うのである。

潮木守一『キャンパスの生態誌』

（中央公論社　1986年）

377

図書館めぐりほどの「病気」ではないが、つい入ってみたくなるのが大学のキャンパスである。東京都心の大学には、私の感覚ではキャンパスとは形容しがたい高層ビル型のキャンパスがあるが、東京大学の本郷キャンパスや慶應義塾大学の三田キャンパスは、その歴史を感じさせる雰囲気が荘厳で、都会の喧騒を忘れられる聖域のようで大好きである。

東京大学は、まず、その敷地の広さに圧倒される。東京のど真ん中に、まるで公園のような異空間があることに驚きを禁じ得ない。そして歴史を刻んだ安田講堂や各学部棟の佇まいは、無機質な建造物であるはずなのに、森のように語りかけてくる。テーマパークにいるよりもはるかに楽しむことができる。

慶應義塾大学は、いかにもアカデミックな雰囲気の正門を正面にして右側に見える東京タワーの姿が、いかにも東京という感じで大好きである。正門を越え階段と坂を上ると、決して敷地は広くはないが、日本最古の私立大学であるという雰囲気がそこはかとなく漂っている。圧巻はレンガ造りの旧図書館の雄姿である。

キャンパス歩きの楽しみは、学食と生協の売店。タイムスリップしたような学食の価格が嬉しいし、大学ブランドのグッズも見ていて楽しい。さすがに、大学グッズまでは収集していないが、東京大学のトイレで目にした大学名入りのトイレットペーパーの包装紙は、包装紙だけでももらってしまおうか、と思ったくらいマニアックなものだった。

残念なのが、大学によっては図書館に入館できないところがあることである。大学院の授業の講師に呼ばれて、時間があって図書館を訪ねたところ入館を拒まれ、講師として来たと言って、学長名の依頼文書を見せても入れてもらえなかった図書館もあった。

さて、私の勤務する松本大学は、福沢諭吉の薫陶《くんとう》を受けた木澤鶴人が、1898年に松本市に開設した私塾「私立戊戌《ぼじゅつ》学会」が前身の松商学園を母体にして、短期大学として1953年に開学。四年制大学は開学して10年という若い大学である。

現在のキャンパスは、乗鞍岳など北アルプスが見える絶景の田園地帯にある。ここの教員（非常勤講師）となって驚いたのは、教職員はもとより、学生までもが挨拶してくることである。目礼を含めたら、キャンパスですれ違う大半の教職員・学生と挨拶を交わすことになるほど、礼節に長けた大学である。何十校と大学のキャンパスを訪ねているが、こんな大学は見たことがない。

四年制大学は、松商学園の創立100周年の際に、若者の県外流出に悩んでいた行政の支援策もあり、法人と県と市が3分の1ずつ出資して設立された「地域立大学」ということもあり、2012年度の「地域貢献度ランキング」では、全国3位、私大ではトップという実績がある。このようなことが、礼節という大学教育で最も重要視されるべき教養の原点を培っているのかもしれない。

地域貢献と言えば、図書館評価の最たるものがこれだと思う。ある意味で、貸出冊数も地域貢献値と言えなくもないが、図書館がいかに市民に役立つ存在になっているかが図書館の真の評価だと思う。単に数値の実績を並べただけのアウトプットではなく、アウトカムとしての成果をどれだけ示せるかであろう。それは極めて客観性に欠くものもあるかもしれないが、市民のだれからも「私のまちの自慢は図書館ね」と言われることである。「地域貢献」とは「地域ブランドづくり」でもある。そのためには、79頁にも書いたが、利用者と挨拶を交わす図書館であることが、まずは基本であると思う。

松尾芭蕉「鹿島紀行」300年記念事業実行委員会（編）『芭蕉鹿島詣』

（松尾芭蕉「鹿島紀行」300年記念事業実行委員会　1987年）

911

「今日、教習所にオートバイの運転免許を取るために、お前の講習の手続きをしてきたから、明日から通え」と、突然、親父に言われた。一瞬、耳を疑い、親父は何を言っているの、という顔をしていたら、「高校3年生になったのだから、少しは家の仕事の手伝いをしろ」と、怖い顔で言ってきた。

あまりにも急な話で、当時、バイクの免許を取るのはみんな一発試験で、私の周りには教習所に通って免許を取った友人はいなかったこともあり、カッコ悪いので教習所には行かない、と口論になった。しかし、「家の仕事を手伝うつもりはないのか」と詰問されれば抵抗することもできず、決して乗りたいと思わなかったバイクであったが、一発試験で免許を取ることに落ち着いた。

親父は食堂を営む傍《かたわ》ら製麺業もしていた。個人でやっていたので大きな工場があるわけではなかったが、中華麺と蕎麦の両方をつくっていて、契約している市内外の20軒ほどの食堂に午前中配達してから、自分の食堂の開店の準備をするという日常で、朝は3時頃に起きて製麺するので、契約している食堂全てが一斉に休みにならない限り、365日全く休むことなく働いていた。

鹿島神宮の門前町にある食堂は土日になると店は繁盛し、昼間に麺の追加注文がある。土日は自分の食堂も忙しいので「遊んでいないで、せめて麺の配達の仕事ぐらい手伝え」というバカ息子への「愛の鞭」であったのであろう。

当時、子どもにバイクの免許を取らせないという親はいっぱいいたが、息子にバイクの免許を取れ、という話は聞いたことがなく、とにかくいつも私に相談なしに決めてくる親父であった。

結局、運転試験場での一発試験に臨んだ。1回目で学科は受かったが実技は不合格。無免許運転でバイクに乗っていたとはいえ、公道を堂々とは走っていなかったので運転が上手いわけがなく、2回目の受験で合格した。

当時、家業の手伝いをしている友だちは少なく、麺の配達は恥ずかしく、楽しいものではなかったが、次第にバイク公認（それどころか奨励）の家に生まれて良かった、と親父に買ってもらった125ccの中古のバイクを乗り回していた。

19頁にも書いたが、サッカー部退部の件に始まり、中学3年生の時は、担任の先生に職員室に呼びだされ「内野、お前、普通高校には進学するつもりはないのか。内野の成績なら十分に進学校に行けるのだぞ」と言ってきた。「えっ、先生、俺、高校に行くつもりですが、急にどういうことですか」と聞き返すと、親父が学校にやってきて「息子は、お金をもらいながら勉強して、将来は出資母体の企業に入社できる全寮制の高卒資格のもらえる学校に入れるから」と言ってきたとのこと。

家に帰って、その事実を親父にただせば、「高校生としてお金をもらって、将来は、安定したところで働けるのに何が悪い」と、怒り出す始末。結局、私は普通高校に進み、事なきを得たが、万事が万事こういうパターンで、大学進学の際も、受験校をめぐり何かとあって大変だったのである。

究極は、私が26、27歳の頃だった。市役所1階の市民課の先輩から電話があった。「やっちゃん（私のこと）、今、お父さんが窓口に来ているのよ。戸籍の筆頭者を変更したいって、やっちゃんに。この話って聞いているの」と。これも全くの寝耳に水。先輩にしてみたら、20代で筆頭者になるなんて珍しいことなので、何か事情でもあるのか、と心配してのことだった。「何にも聞いていない。どうせ、何言っても喧嘩になるだけだから、やりたいようにさせればいいよ」と、先輩の電話には応え、ある日突然、内野家の若き家長になったのである。

親父は55歳で食堂を閉じ、「この先は、俺は好きなように生きる。家のことは一切お前に任せる」と一方的な隠居宣言。親戚や町内の付き合いを全て私に任せる、と言ってきた。学生の頃とは違うので、どんな提案も喧嘩することもなく受け入れてきたが、77歳で逝くまで、釣三昧の日々であった。私の決めた進むべきレールを、ことごとく軌道修正し、その度に口論になり、受け入れたものもあれば、拒否したものもある。

高校を中退し、戦地に就き、シベリア抑留という辛酸をなめ、365日休むことなく働き続けた親父にしてみたら、私の全てが忸怩《じくじ》たるものだったかも知れない。しかし、気が付けば、私も親父と同じ55歳で勤め人を辞めた。やってきたことは水と油のように違うが、自己主張する生き方は血をひいているようである。

俳聖・松尾芭蕉は、1687年、44歳のときに門人曽良と宗波を伴い、鹿島に月見を兼ねて参拝したときの紀行を、梅人本『鹿島紀行』として、1670年に板行《はんこう》した。非常に短い紀行文で、東京・深川の芭蕉庵を出て、行徳、鎌ヶ谷、白井を経て布佐へ。ここから船に乗り利根川から北浦へ。私の生まれ育った鹿嶋市大船津で下船し、根本時に仏頂禅師を訪ね、鹿島神宮を参拝する紀行文である。

大船津は、陸上交通が発達する以前は、江戸と鹿島を結ぶ交通の要衝であり、鹿島神宮の一の鳥居が建立されているほど、鹿島神宮参詣にとっても重要な場所であった。

1960年代から始まった鹿島開発により、往時の姿は徐々に変わり、今は当時の面影は全くなくなってしまったが、私が幼少の頃は、日用雑貨関係の店のほか、旅館、パチンコ店、時計店など、書店以外は全て集積している商店街であった。鹿島でプロレス巡業があると、大船津の旅館にレスラーが泊まることがあり、人間とは思えない筋肉の塊を見たさに、恐る恐る旅館周辺を行ったり来たりしていた。

本著に編まれている本文の著者の内野富壽は、私の曾祖父母の六男として、1897年、現在、私が継いでいる大船津の内野家に誕生した。苦学して小学校の教員となり、その後、高等学校の教員になり、教頭職で、57歳で退職後、86歳で亡くなる4年前まで著作を続けた。

本著は、松尾芭蕉「鹿島紀行」300年記念事業実行委員会が編集したもので、その中身は、文部省の助成金を受けて書いた富壽の学術論文を掲載したものである。生来病弱だった芭蕉が、現在の潮来市に住んでいた医師から医学を学び、熱心に自身の健康管理に努め、51歳まで生きたことを考察した論文や、常陸風土記に関する研究が収録されている。富壽は、本著に収められた論文以外にも、「鹿島新刀流」「上田秋成」なども研究していたようである。私の記憶にある生前の富壽は、仏頂面の面影しかなく、幼少の私にとって、他の叔父叔母に比べ、会うのが楽しみな大人ではなかった。今思えば、高校の教員から研究者への道を歩んだぐらいであるから、「変わり者」であることは確か。そんな血が連綿と自分に流れているのを今になって感じるのである。

ちなみに、私の祖父は、万年青《おもと》に財産と生涯を賭けた人だったらしく、斯界では相当な有名人であったらしい。新聞店を経営し、徳富蘇峰とも親交があり、当時としては、ちょっとした文化人であったのかもしれない。こちらもまた「変わり者」に違いない。

前著の続編として、今回書いた駄文集もこれが最後である。決して最後を意識したわけではないが、ルーツめいた卑近なことを書くに至ってしまった。「親父に似てきたね」と、最近よく言われる。それは容姿だけではなく性格も含めてのことのようである。

ラジオのパーソナリティーとして、図書館の世界を広める

オープニングはビージーズの「ジャイブ・トーキン」。そして、エンディングはクロスビー、スティルス、ナッシュ&ヤングの「キャリー・オン」。これが、私がパーソナリティーを務めるFMラジオ番組「Dr.ルイスの〝本〟のひととき」です。

毎週月曜日の午後7時30分、「本と図書館と音楽」を語るラジオの定期番組で、2012年10月1日に放送開始。コミュニティFMとは言っても侮るなかれ、実は私も最近まで知らなかったのですが、インターネットを介して世界中のリスナーに番組を届けることができるのです。

放送内容は、毎回、お気に入りの一冊の本と楽曲を、エピソードを交えて紹介するというもの。もちろん、話の中には度々図書館が出てきます。第1回目の放送終了後、鹿嶋はもとより、遠く離れた東京、埼玉、長野の友人・知人から「聴きましたよ」の応援メール

が次々と届きました。鹿嶋市の小さなスタジオで喋っていることが、こんなにも遠くに届くなんて本当に不思議な感じです。

前著も同様ですが、拙著を書いた目的は、頑張っている全国の図書館員へのエールもありますが、同時に図書館をいかに多くの人に知ってもらうかです。地方自治体の公共施設の中で最も利用頻度の高い施設と言われる図書館ですが、それでも実際に1年に1回以上利用する人は、市民の2割から3割に過ぎません。もっと多くの方に図書館を知ってもらい、様々なサービスを享受してほしいと言うのが私の願いです。そのために、こうして本を書き、大学で学生に図書館情報学を教え、そして、ラジオのパーソナリティーも務めています。これが14年間、生きがいとなって私を支えてくれた「図書館」への恩返しだと思っています。

もちろん、「FMかしま」はコミュニティFMです。鹿嶋の情報発信を始め、地域振興や福祉の増進が主たる目的。全国のリスナーが私の放送を聴いて「鹿嶋が面白そうだ」と思ってもらえたら最高です。

「FMかしま」で番組担当

前塩尻市立図書館長　内野安彦さん

　塩尻市立図書館の前館長で、松本大松商短期大学部非常勤講師の内野安彦さん（56、茨城県鹿嶋市）が、鹿嶋市と近隣がエリアのコミュニティーFM局「FMかしま」で10月からパーソナリティーを務める。本や図書館、音楽を語る30分番組を担当。インターネットでも同時放送され、パソコンなどで接続すれば国内外のどこでも聴くことができる。

　毎週月曜午後7時半から放送の「Dr．ルイスの〝本〟のひととき」（1日スタート。再放送は毎週土曜の同時間）。お気に入りや興味を持った多ジャンルの本を、エピソードと共に紹介する。

　自身が巡った図書館紹介や現状なども織り交ぜ、局の番組制作編成部次長・水井御茶さん(49)との落ち着いたテンポの掛け合いで進める。番組で流れる曲は、音楽好きの内野さんが選んだ。

　内野さんによると「本と図書館のことを語る定期番組は、おそらく日本唯一」。本の一文や流す曲の歌詞を水井さんが朗読で聞かせる場面もあり、「音だけの媒体ゆえ、名文や歌詞がストレートに心に染みる」と、ラジオの利点を最大に生かした構成も特徴だ。

　内野さんは「図書館の世界に関心を持ってもらい、いい本と出会うきっかけになれば。5年間働き暮らした塩尻の魅力も全世界へ発信していきたい」と語る。

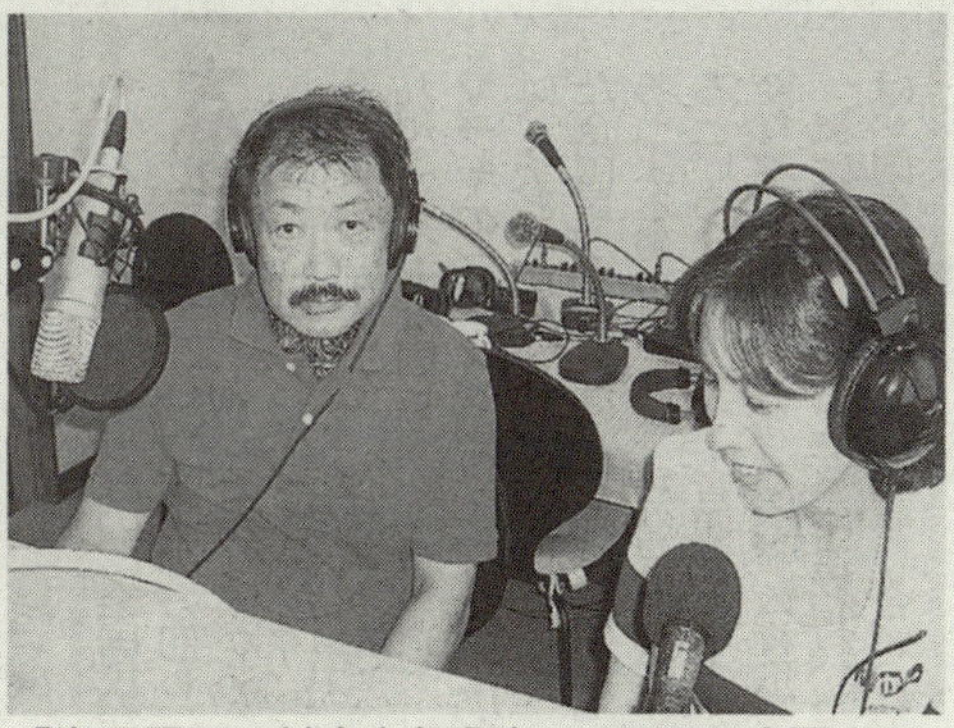

「塩尻周辺の魅力も伝えたい」と語る内野さん（左）と、アシスタントの水井さん

「松本平タウン情報」（2012年９月29日，第２面）

「松本平タウン情報」は，「信濃毎日新聞」に週３回折り込まれる情報誌。発行部数は11万8,700部，発行エリアは長野県中信地区（松本市，塩尻市，安曇野市など）。

おわりに

『だから図書館めぐりはやめられない』（ほおずき書籍）が発売されたのが２０１２年６月初旬（奥付では6月15日）。私にとって初めての著書で、構想から1年をかけて上梓したものでした。

塩尻市内の某書店は、拙著を早々と50冊仕入れてくれて、積極的に販促してくれました。そこは自分の書いた本が平積みになるという夢を真っ先に叶えてくれた書店でした。『市民タイムス』『松本平タウン情報』『信濃毎日新聞』と、続けざまに長野県松本地域の地元系新聞社の取材を受け、大きく報道していただいたこともあり、塩尻市内のほかの書店や近隣市の書店でも、新聞記事を掲示し平積みしてくれる本屋が現れ始めました。拙著は、長野市に本社を置く出版社の刊行物のため、郷土系出版社の新刊棚に置くところもあれば、話題の本として、ベストセラー作家の脇に置く書店もありました。松本大学の授業の度に書店を覗いては、「わが子」の成長を見守っていたものでした。

鹿嶋では、塩尻よりずっと遅れましたが、8月13日から19日の市内某書店の週間ベストセラーで6位に初登場しました。それ以降、九週続けてベストテンにランクイン。また、鹿嶋市役所の先輩が手紙をかいてくれたおかげで、『エリート情報』という地元最大部数を誇るコミュニティ紙に拙著が紹介され、その頃になって、やっと鹿嶋近郊の書店にも並ぶようになりました。と言っても、全国展開する大手書店にはいまだに並んでいません。

私の生まれ故郷で、現に住んでいる鹿嶋市や近郊のまちの書店に拙著が並ばないというストレスは2カ月以上続きました。大学院での研究テーマは出版流通と図書館の在り方でしたので、日本の出版流通の仕組みは承知していたつもりでしたが、ここまで不可思議な世界とは思いませんでした。書店に並ばないどころか「版元に在庫がなく取り寄せできません」と言われたことすらありました。

鹿嶋では5月上旬にコミュニティFMの一時間のトーク番組に、二週続けてゲスト出演し、パーソナリティーが拙著をしきりに宣伝してくれたにもかかわらず、いつになっても書店に並ばず、ネット書店で検索してもヒットしないため、「自費出版なのでは」と一時期はオオカミ少年状態になってしまいました。

発売して一カ月が経っても、塩尻市と近隣の僅か10軒程度の書店でしか目にできない拙著でしたが、どこから情報を得たのかわかりませんが、長野県内の図書館ですら数館しか登録されていないのに、早々と所蔵登録してくれた公共図書館が全国のあちこちにありました。

そのような状況の中、6月下旬に、出版社から、増刷したい、との連絡がありました。一瞬、耳を疑いましたが、それなりに順調な販売であることを知り、安堵しました。

7月3日（火）、事件が起きました。ネット書店アマゾンの「読書法」のランキングで、拙著が最高で12位まで急上昇してしまったのです。読書法と言えば著名な作家が群雄割拠する激戦区。そこで、無名の新人が大立ち回りをしたのです。前日の夜は確か500位台だったので、一夜で大ブレイクしたのでした。もちろん、夢のような日はすぐに現実となって、あっと言う間に急降下していきました。一方、ツタヤ・オンラインの方は「読書論」のジャンルで、ずっと10位以内をキープし続けています。

不思議なもので、前著で、はっきりと読書論ではない、と書いたにもかかわらず、読書論（法）として扱われ、拙著を読まれた機関からの講演依頼も「読書」に関する話をしてほしい、というものがほとんどです。人前で読書論を講じるほどの読書家ではありませんが、愛書家であることは自認していますので、この辺のところで話をさせてもらっています。

そして、前著が出版されてから半年。今般、続編の出版となりました。図書館情報学の本として考えたら、これは異例と言えます。もっとも、拙著を図書館情報学の本と言ったら異論も出るし、失笑を買うでしょうが、斯界では、その名を知られる某図書館長さんからは、優れた図書館経営論であるとし、「我が意を得たり」との過分なお褒めをいただきました。

音楽でも文学でも、作品は量産され、自分の手を離れた段階で一人歩きするものだ、とはよく言われる言葉です。私も図書館情報学なのかエッセイなのか、あえて読者を惑わすことを狙って書いたものでしたが、それ以上に、読者は様々な読み方をするようで、「これはビジネス書」だと言われたこともありました。

いろいろいただいた感想の中で、最も嬉しかったのは、現職の図書館員から「内野さんの下で働きたかった」という感想でした。これを聞いたら、元部下たちは冷笑するかもしれませんが、私は部下を大切にしてきたことだけは自負できます。もちろん、厳しい上司でもありましたので、そう映らない部下がいるかもしれませんが、ひたすら部下を鼓舞し、部下を守り、そして、育て慈しんできたつもりです。それは自慢することではなく、当然のことです。なぜなら、私は館長であったからです。

文部科学省の平成20年度の社会教育調査によりますと、全国に公共図書館は３１６５館あり、館長は１３５９人を数えます。図書館数と館長の人数に違いがあるのは、本館の館長が分館の館長も兼ねている場合があるのからです。性別で見れば、男性の館長は１０６７人、女性の館長は２９２人で、圧倒的に男性が多く、アメリカと全く逆になっています。うち、館長で司書資格を持っているのは、全体で29％。性別では、男性で21％、女性で59％となっています。斯界では、図書館長は司書の資格を持っていることが望ましいとされながらも、これが日本の実態です。私は、館長は司書資格がなければならない、とは思っていません。ないよりはましだ、という程度の考えです。なぜならば、司書資格が専門職であることを示せるほどの学習歴を誇るものではないことを知っているからです。

２０１２年４月１日現在、司書養成科目を開講している大学は、４年制大学で１５５校(うち国公立大学は14校)、短期大学は59校(うち公立短期大学は3校)で、合わせると２１４の大学で資格が取得できます。このほか、八洲学園大学のような通信制大学で取得することもできます。こうした中、司書資格取得者は年間１万人にのぼります。しかし、図書館に勤めるのは5%以下と言われるほどの狭き門という現状です。

前著も含め、くどいほど、私は「図書館は人で決まる」と言ってきました。なぜならば、指定管理者制度を導入している図書館は現在約300館あり、指定管理者制度の適否云々の議論は別にして、私は、地方自治体であろうと民間であろうと、雇用形態がどうであれ、図書館は人がしっかりしていなければ、いい図書館サービスはできない、と思っています。

その人の集団の頂点が館長であることは言うまでもありません。館長がしっかりと図書館員の矜持を持って舵取りをしなければ、図書館は無料貸本屋という氷山に座礁してしまうことを危惧しています。

最後に、前著も含め拙著を読んでいただいた読者の方々、前著を読んで私を講師として招いてくれた方々、拙著の販促に尽くしてくれた書店の方々、素敵なイラストを描いてくれた元部下の na-co さん、そして、私の知らないところで拙著を一所懸命宣伝してくれた方々に深謝します。

本著は、タイトルこそ違っていますが、副書名にあるように、前著『だから図書館めぐりはやめられない』の続編にあたります。出版社は、ほおずき書籍から樹村房に変わりましたが、兄弟のようなものです。〝次男〟の登場で、ネタも尽きたので完結のつもりですが、図書館めぐり自体は、まだまだやめられません。日本のどこかで読者の皆様とお会いできることを楽しみに、まだまだ図書館という世界と付き合っていきたいと思います。

２０１２年10月

著者

著者プロフィール

内野 安彦（うちの・やすひこ）

1956年　茨城県に生まれる。
1979年　茨城県鹿島町役場（現鹿嶋市役所）入所。
　この間、総務・広報広聴・人事・企画を経て、図書館に配属。
　中央図書館長・学校教育課長を務める。
2007年　長野県塩尻市役所からの招聘に応じ、鹿嶋市役所を退職。
同　年　塩尻市役所に入所。
　この間、図書館長として、新図書館の開館準備を指揮。
　2010年7月に新館開館。
2012年　3月に塩尻市役所を退職。
現　在　松本大学松商短期大学部非常勤講師。

筑波大学大学院図書館情報メディア研究科博士後期課程中退。
図書館情報学修士。

だから図書館めぐりはやめられない…Part❷
図書館はラビリンス

2012年11月15日　初版第1刷発行

検印廃止

著　者©　内野安彦
発行者　大塚栄一

発行所　株式会社 樹村房
〒112-0002
東京都文京区小石川5丁目11番7号
電 話　東京 03-3868-7321
FAX　東京 03-6801-5202
http://www.jusonbo.co.jp/
振替口座　00190-3-93169

デザイン／BERTH Office
印　刷／亜細亜印刷株式会社
製　本／有限会社愛千製本所

ISBN978-4-88367-220-2
乱丁・落丁本は小社にてお取り替えいたします。
本書をお読みになった感想や著者へのメッセージなどは，
小社編集部までお知らせください。